KB125564

결국 **이기는 사람들**의 비밀

결국
이기는
사람들의
비밀

**불공평한 세상에서 발견한
10가지 성공 법칙**

리웨이원 지음 | **임지영** 옮김

갤리온
GALLEON

이기는 사람은 무엇이 다른가

'승자 효과Winner Effect'를 아는가? 뇌 과학자이자 신경 심리학자인 이언 로버트슨이 발표한 이론으로, 승리가 승리를 낳는 현상을 말한다. 무언가를 이루어냈을 때 분비되는 호르몬인 테스토스테론이 지배적인 행동을 이끌어 더 많은 성공을 불러오기 때문에, 작은 성취를 많이 맛본 사람일수록 큰 싸움에서도 이길 확률이 크다는 것이다.

5만 명 이상의 정치인과 기업가들을 만난 컨설팅의 대가 리웨이원은, 마찬가지 관점에서 빌 게이츠나 워런 버핏 등 세계 최고 인재들에게서 흥미로운 공통점을 발견한다. 바로 '이기는 경험'에 익숙하다는 것. 어제 승리한 사람이 오늘도 승리하고, 결국 마지막까지 승리할 확률이 높다는 의미다. 이 개념은 세간에 유행처럼 떠도는 '될 놈은 뭘 해도 된다'는 말과도 일맥상통하는 면이 있어 보인다.

그러나 이 책에서 전제로 깔고 있는 살벌한 명제가 하나 있다. 세상의 승자도 노력하지 않으면 언제든 도태될 수 있다는 사실이다. 유럽과 미국에서 널리 회자되고 있는 '밀림 생존의 법칙'에 따르면 어둠에 휩싸인 밀림에는 약육강식의 먹이사슬이 존재한다. 강자는 죽음의 그림자처럼 밀림을 헤매며 먹잇감을 고르고, 약자는 강자의 눈에 띄지 않으려 안간힘을 쓴다. 하지만 강자라고 안심할 수는 없다. 자신보다 훨씬 더 강력한 상위 포식자가 기다리고 있기 때문이다. 이들에겐 두 가지 선택지뿐이다. 버티거나, 더 강해지거나.

사회생활을 하는 이들이라면 세상이 바로 이 밀림과 다를 바 없다는 걸 잘 안다. 살아남기 위해 경쟁해야 하는 비정한 사회, 나보다 강한 위치에 있는 사람들의 눈치를 보며 숨죽여야 하는 세계, 스스로 더 강해질 때까지 주린 배를 움켜쥐고 버텨야 하는 어둠의 공간. 생과 사의 갈림길은 아니지만 분명 인생에도 포식자와 피식자, 승자와 패자는 존재한다.

저자는 인간 사회의 공고한 '권력 피라미드'에 대해서도 말한다. 권력구조의 꼭대기에 오른 사람들과 바닥에서 받쳐주는 사람들의 비율이 여간해선 변하지 않으며, 이것은 인류 역사상 오랫동안 이어진 '바꿀 수 없는 현실'이라는 것이다. 그러나 희망적인 사실은, 승자의 자리는 언제든 바뀔 수 있다는 점이다. 이 책에서 알려주는 승리의 법칙 10가지만 차근차근 따른다면 얼마든지 세상의 꼭대기로 올라설 수 있다. 그러니 최대한 전략적으로 준비하여 승리의 경험을 쌓아 승자가 되고, 그렇게 올라 선 자리를 유지하기 위해 또다시 부단한 노력을 기울이라고 저자는 충고한다.

노력한 만큼의 성과를 얻지 못하면 불공평한 세상, 불합리한 현실이라고 한탄만 하며 패배주의에 젖기가 쉽다. 그러나 단언컨대 세상의 승자들은 행운의 '수혜자'가 아니라, 승자만의 철칙을 착실히 지킨 '수행자'들이다. 뭘 해도 잘되는 사람은, 분명 이유가 있다는 뜻이다. 바로 그 디테일한 성공의 법칙들을 리웨이원은 10가지 키워드로 일목요연하게 정리해준다. 또한 아무나 할 수 있는 애매모호한 충고가 아니라 삶의 현장에서 즉각적으로 실천 가능한 지침들이라는 점에서 이 책의 효용가치는 충분하다. 세상의 본질을 인정하고, 저자가 알려주는 성숙한 전략을 구사한다면 세상은 반드시 당신 편이 되어줄 것이다.

나 자신을 구할 사람은 오직 나뿐

나는 2002년부터 2013년까지 약 11년 동안 수백 명의 직장인을 인터뷰했다. 전 세계 60개 도시에서 모여든 젊은이들을 대상으로 약 70여 차례의 설문조사도 실시했다. 질문의 내용은 '당신은 경쟁에 대해 어떻게 생각하는가?', '경쟁에 대처하는 당신의 자세는 무엇인가?'였다. 산더미 같은 인터뷰 용지를 일일이 읽어본 결과, 각국 경쟁사회를 사는 젊은이들의 다양한 경험과 생각을 엿볼 수 있었다. 그중 가장 인상 깊었던 인물을 소개하고자 한다.

가족도 잃고 시력도 잃은 빈민가 소년이 커피회사 CEO가 되기까지

브라질 항구 도시 리우데자네이루에 사는 청년 산체스의 이야기다.

"질문을 들었을 때 '내게 닥친 인생의 역경을 어떻게 극복할 것인가?' 하는 문제가 가장 먼저 떠올랐습니다. 시련이 없는 인생은 어디에도 없습니다. 태어나는 순간부터 목숨이 멎는 순간까지 그림자처럼 뒤를 따라다니지요. 시련은 호시탐탐 기회를 노리며 우리 주변을 맴돌다 허점이 보이는 순간 맹렬히 파고듭니다. 이 불온한 그림자는 안온한 일상을 깨고 들어와 소중한 꿈을 무너뜨리고, 모든 것을 파멸에 이르게 합니다. 이에 맞서 우리가 할 수 있는 일은 자신을 더욱 강하게 단련시키는 일뿐이지요. 현실에서 우리의 앞길을 막는 이중삼중의 장애물을 통과할 수 있을 때 우리는 강자가 되며, 자신은 물론이고 사랑하는 가족들의 안위도 지킬 수 있겠지요."

산체스는 빈민가에서 태어났다. 서너 살 무렵, 새벽에 눈을 떴을 때 그가 처음으로 느낀 극한의 고통은 배고픔이었다. 좁은 방 한 칸에 다섯 식구가 옹기종기 모여 사는 옹색한 형편에 그에게 할당된 한 끼 식사는 언제나 턱없이 부족했다. 자신의 주린 배를 채우기에도 모자란 소량의 음식도 그는 어린 동생들과 나누어 먹었다. 이것은 장남으로서 느끼는 책임이자 동생들을 향한 사랑의 발로였다. 부유한 집안의 친구들이 좋은 옷을 입고 번지르르한 차에서 내려 등교하는 모습을 먼발치서 부러운 눈으로 바라보았지만, 부모를 원망해본 적은 없었다. 새 옷을 얻어 입을 기회가 생기면 누가 시킨 것도 아닌데 동생들에게 양보하곤 했다.

어린 시절, 산체스의 꿈은 펠레처럼 유명한 축구 선수가 되어 인생 역전을 하는 것이었다. 하지만 그는 여덟 살에 교통사고로 어머니와 동생을 잃는 참혹한 운명과 맞닥뜨렸다. 그 역시 가까스로 목숨을 건졌지만, 심각한 부상을 입었다. 의사는 그에게 평생 한쪽 시력을 잃은 채로 살아가야 한다는 선고를 내렸다.

"만약 그때 제가 모든 것을 포기했다면 아마 부잣집 대문이나 두드리며 아침마다 구걸하는 거지, 밤이면 코카인을 흡입하는 마약 중독자로 전락했을지도 모릅니다. 하지만 저는 저를 포기하지 않았어요. 매일 아침 눈을 뜨면 스스로에게 '나는 앞으로 어떻게 살아가야 할까?'라고 묻곤 했어요. 저는 강해져야 했습니다. 병마에 시달리는 어린 여동생을 보호할 사람은 저밖에 없었기 때문입니다."

결국 열두 살에 학교를 그만 둔 산체스는 인생의 중대한 전환점이 되는 선택을 했다. 그는 커피공장의 견습공으로 취직해, 어린 여동생의 뒷바라지에 최선을 다했다. 6년 후 그는 사장의 신임을 받아 정식 직원으로 채용되었다. 그 무렵 그가 다니던 커피공장은 명망 있는 커피 수출회사로 성장했다. 그는 단 1분도 허투루 낭비하지 않고 커피 생산의 이론과 실무를 몸에 익혔다. 23세가 되던 해, 그는 마침내 독립하여 자신의 커피회사를 차렸다.

세계적으로 유명한 원두커피 제조업체 대표가 된 그는 자신의 성공 비결을 묻자 이렇게 답했다.

"저의 성공 비결은 바로 저 자신입니다. 저는 힘든 순간에도 결코 다른 사람들에게 동정이나 연민을 구하지 않았습니다."

인생을 살아 가다보면 낙타가 바늘을 통과하는 것만큼이나 어려운 시험을 치러야 하는 경우가 종종 있다. 언제 어디서나 현실에서 도태되는 사람은 속출하기 마련이다. 이때 이러한 현실에서 진정으로 나를 도울 수 있는 사람은 오로지 자신밖에 없다.

산체스의 인생 역정에서 보다시피 누구에게나 시련이 닥친다. 인생 어디에나 함정이 도사리고 있으며 잠시만 한눈을 팔아도 추락할 수 있다. 개개인이 지닌 치명적인 약점은 뱀처럼 몸통을 칭칭 휘감으며 벗어나고자 발버둥치는 사람들의 의지를 무참히 꺾는다.

당신의 의지를 밧줄처럼 칭칭 동여매어 옴짝달싹하지 못하게 하는 약점들에서 최대한 멀리 벗어나라. 안락한 소파 위에 늘어진 자신을 스스로 일으키고, 유희와 게임에 빠져 나태해지려는 자신에게서 뛰쳐나와야 한다. 낡은 습관과 치열한 투쟁을 벌이는 과정에서 당신은 매사 엄격한 기준을 세우고 자신에게 가혹한 잣대를 적용하지 않으면 안 된다. 남들보다 몇 배 더 강한 의지로 자신을 무장시켜야 한다.

평등이라는 가치가 누구에게나 평등할까?

중국 청쿵그룹에서 근무할 때의 일이다. 명문 대학을 나온 우수한 재원 한 명이 내가 일하는 영업 부서로 발령이 났다. 그는 회사의 파격적인 대우를 받으며 승승장구를 거듭했지만, 웬일인지 그의 안색은 점차 어두워져갔다. 이유를 묻자, 그는 잠시 머뭇거리더니 이내 자신의 속마음을 털어놓았다.

"세상이 공평하지 않다는 것은 틀린 말이 아닌가 봅니다. 저와 함께 입사한 동기는 6~7년이 지나도록 저의 3분의 2에도 못 미치는 월급을 받고 있더군요. 그 친구는 저만 보면 회사에 대한 불만을 늘어놓는데, 듣고 있으면 저까지 마음이 무거워집니다."

그에게 내가 해줄 수 있는 충고는 하나뿐이다. 세상에 이런 부류의 사람들은 부지기수이며 이들을 상대하는 최고의 대처법은 오로지 무관심이다. 그들은 입만 열면 '기회의 균등'을 외치지만 상대와 동등한 보상에만 관심을 가질 뿐, 상대와 그의 역량 차이는 애써 외면한다. 누구에게나 도전의 기회가 열려 있다. 하지만 그들이 바라는 평등은 기회의 균등과는 다른 차원의 이야기다. 그런 원초적인 평등은 쉽게 실현될 수 없으며, 본질적으로 불가능한 일이다.

이 세상에는 오직 하나의 법칙이 존재한다. 격론을 펼쳐도 상관없지만, 이 법칙을 바꿀 수는 없다.

"사람은 태어날 때부터 평등하다. 그러나 어떤 사람은 다른 사람들보다 훨씬 더 평등하다."

프랑스 계몽주의 철학자 장 자크 루소의 말처럼 '인간은 누구나 평등하다'는 사실을 우리는 믿어 의심치 않아왔다. 하지만 정작 현실에서 루소의 아름다운 이상주의는 전혀 찾아볼 수 없다. 모두가 완벽히 동등한 대우와 권익을 누린다는 것은 현실적으로 불가능하다.

인류 문명의 눈부신 발전에도 불구하고 여전히 일부 국가나 계층에 속한 사람들은 인간의 존엄을 의심하게 할 만큼 처참한 생활을 이어간다. 아침부터 밤까지 아무리 기를 쓰고 일을 해도 이들이 벌어들이는 소득은 최저 생계 수준에도 미치지 못하는 경우가 허다하다.

사람마다 각기 다른 재능을 지니고 태어나고 가진 능력 또한 제각각이기 때문에, 생존을 위해서는 다양한 도전을 받아들여야 한다. 이것이 바로 세상의 법칙이다. 법칙을 바꿀 수 없다면 방법은 하나뿐이다. 만인이 평등하다는 환상에서 벗어나 스스로 실력을 갖추고, 생존의 법칙을 터득해야 한다. 이로써 진정한 강자로 다시 태어나는 것이다.

지구는 당신을 중심으로 돌아가지 않는다

불만은 스스로 피해 의식에 젖는 순간 시작된다. 직장, 학교, 가정 등 일상생활 전반에 걸쳐 극단적인 피해 의식이 형성되면 다음부터는 시종일관 핑계 대기에만 급급해진다. 한 번 시작되면 좀처럼 벗어나기 힘든 피해자의 우울한 감상에 빠져들지 말아야 한다.

날로 경쟁이 치열해지는 현대 사회에는 많은 사람들이 상대적인 박탈감을 호소한다. 이들처럼 억울한 일을 겪을 때마다 극단적인 피해 의식에서 벗어나지 못하는 이들을 가리켜, 동료 컨설턴트인 스미스는 이렇게 표현했다.

"그들은 마치 불에 달구어진 풍선처럼 당장 폭발할지도 모르는 상황에 처해 있습니다. 이런 이들과는 가급적 거리를 두는 것이 좋습니다. 만약 여러분 주위에 이런 사람들이 있다면 여러분도 언제 위험한 상황에 직면하게 될지 모릅니다."

한 통계 조사에 의하면 부조리한 상황에 직면한 직후, 약 70%의 사람들은 현실을 개선하기 위해 노력하기보다는 현실을 탓하는 경향을 보였다고 한다. 이런 사람들은 사회 전체를 위협하는 문제로 떠오르고 있다. 시련이 왔을 때 비극에 스스로 매몰되지 않고 자신이 처한 상황을 냉철하게 돌아보는 사람만이 시련을 극복해낼 수 있다. 물론 쉬운 일은 아니지만, 피해 의식을 줄이기 위해서는 다음의 두 가지 지침을 명심하는 것이 좋다.

1. 완벽한 결과를 기대하지 말라

예상했던 기대치가 지나치게 높을 경우, 결과에 승복하기 어렵다. 지구는 당신을 중심으로 돌지 않는다. 당신의 의지대로 타인을 조종

할 수도 없다. 이 세상은 결코 당신이 뜻하는 방향으로 흘러가지 않는다는 사실을 분명히 인식해야 한다. 현실은 완벽하지 않기에 늘 의외의 일들이 발생한다. 지구촌 곳곳에서는 지금 이 순간에도 사람의 힘만으로는 막을 수 없는 일들이 벌어지고 있다. 이처럼 현실적인 변수들을 모두 외면한 채 모든 결과가 당신이 원하는 대로만 흘러가기를 바랄 수는 없지 않은가?

2. 억울한 심정을 굳이 억누르지 말라

스미스는 또 이렇게 말했다.

"어떤 사람들은 억울한 심정을 무조건 억누르려고만 한다. 이들은 우울한 감정을 느끼면 이것을 숨기기에 급급하기 때문에 표면적으로 드러내는 심리는 잔잔한 호수처럼 아무 문제가 없어 보인다. 하지만 내면에 감춰진 분노와 원망과 같은 부정적인 에너지를 완전히 제어한 것은 아니므로 그들의 부정적 에너지는 결국 폭발하게 된다."

오늘날 세계 곳곳에는 지독한 개인주의가 팽배하고 있다. 불공평한 대우를 받을 경우, 개인주의에 물든 이들이 그 자리에서 즉각적인 반응을 보이는 경우는 드물다. 이들은 부정적인 감정을 숨기지만 내면에서 서서히 분노를 키운다. 시간이 지날수록 이들의 부정적인 감정은 해소되지 않고 차곡차곡 쌓이게 되므로 결국 대량의 폭발적인 에너지가 발생한다. 이 에너지는 상당히 파괴적이고 소모적이라 타인은 물론이고 자신도 파멸에 이르게 할 수 있다.

살다 보면 누구에게나 억울하고 분한 순간이 찾아온다. 이런 경우에 부정적인 감정을 해소하는 방법은 의외로 쉽다. 사람들의 눈에 띄지 않으면서 자신만 아는 조용한 공간을 찾아서 감정의 응어리가 풀릴 때까지 마음껏 우는 것도 좋은 방법이다. 실컷 울고 난 후에는 현실을 담담히 받아들이라. 부정적인 감정일수록 가슴속에 묻는 것보다는 가볍게 털어내는 것이 정신 건강에 좋다.

스스로를 피해자로 정의하지 않을 것

당신 주변에는 온통 부조리한 사람들뿐이며 불공평한 사회 구조가 당신을 억압하고 있다고 생각하는가? 소중한 시간이 이런 사람들과 사회를 이겨내는 데 소모되고 있다고 생각하는가? 만약 당신의 대답이 'YES'라면 지금 당장 이러한 피해 의식에서 벗어나라. 그렇지 않으면 당신은 평생 '루저'의 저주에 사로잡혀서 모든 실패를 불운한 탓으로만 돌리게 된다.

시시각각 변하는 주변 상황에 좌우되어 당신의 주의력을 흐트러트리지 말고 현실이 원래 불완전한 속성을 지녔음을 순순히 인정하자. 자신의 중심을 잃지 않고 침착한 태도를 유지하라.

"이번 결과는 다소 불공평하지만 나 자신이 피해자라는 생각은 하지 않는다. 누구나 살다보면 이런 상황을 겪기 때문이다. 중요한 것은 혹시 내게 다른 문제가 있었던 것은 아닌지 철저히 분석해보는 일이다."

이와 같이 극한의 상황에 처했을 때 자신을 구원할 기제를 스스로 발동하는 사람만이 자신이 지닌 특수성과 우수성을 발견해낼 수 있다. 진정한 문제의 해결점을 찾고 두 번 다시는 불공정한 상황에 처하지 않도록 스스로 방어기제를 발동해야 한다.

만약 전혀 예상치 못한 사소한 실수로 인해 막대한 손해를 입었다면 이러한 결과에 대한 책임은 자신이 져야 한다. 현실 세계에서 피해자는 존재하지 않는다. 쫓는 사냥꾼과 쫓기는 먹잇감이 있을 뿐이다. 생존의 현장에서 자기 연민에 빠진 이들은 아무 것도 손에 쥘 자격이 없다.

각박한 현실에서 스스로를 진정으로 변화시킬 사람은 자신뿐임을 기억하라. 이 책의 마지막 장을 덮고 난 후, 해야 할 고민은 단 하나일 것이다. 지금 당장 무엇부터 시작할 것인가?

차례

chapter 9 | 전략
일보후퇴 : 때로는 한 발 물러나는 게 유리하다

chapter 10 | 핵심 경쟁력
킬링 포인트 법칙 : 남이 빼앗을 수 없는 무기를 갖추라

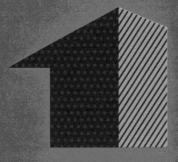

피라미드 불변의 법칙

세상의 구조는 변하지 않는다

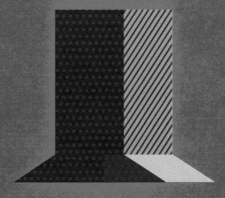

개개인의 출발점은 모두 다르다

'공평'이라는 말의 정의는 뭘까? 하나의 사례를 들어보자. 직장 동료이자 오랜 친구인 두 씨는 나와 같은 회사에서 일한 지 올해로 9년째다. 컨설팅 회사의 말단 사원으로 근무하던 싱가포르 시절부터 지금의 자리에 오기까지 우리는 의기투합하여 열심히 경력을 쌓았다. 현재 컨설팅 분야에서 맹활약을 하고 있는 두 씨는 미국 기업체의 핵심 멤버인 임직원 50여 명을 대상으로 경영 관리 컨설팅을 하는 등 여전히 일선에서 뛰고 있다.

두 씨는 언젠가 모 기업체 사원들을 대상으로 하는 강연회 석상에서 신입사원에게 이렇게 말했다.

"여러분은 세상이 공평하다고 생각합니까? 천만에요. 이 세상은 불공평합니다."

원대한 포부와 뜨거운 열정을 가슴에 안고 이제 막 사회에 첫 발을 내딛은 사회 초년생들을 향한 그의 일갈은 거침이 없었다.

"냉혹한 세상의 본질을 똑바로 보려 하지 않고 밀림과 같은 현실의 생존 법칙을 통찰하는 능력이 없다면 여러분의 미래는 암담할 뿐입니다. 동등한 대우를 바라기 전에 이 세상이 공평하지 않다는 현실부터 인정해야 합니다."

안타깝게도 그의 말은 구구절절이 옳다. 유사 이래 인류의 삶은 단 한 번도 공평한 적이 없었다. 재벌 2세로 태어나 막대한 양의 유산을 상속받는 것도, 서민 가정에서 태어나 가난을 대물림 받는 것도 불공평한 출발의 시작인 셈이다. 이처럼 냉혹한 세상에 발 딛는 순간 자신의 출발점부터 인정해야 한다. 하늘을 향해 주먹을 움켜쥐면서 부모를 탓하고 환경을 원망한들 이미 정해진 현실을 바꿀 도리는 없다.

변화를 꿈꾼다면, 완벽하게 적응하라

캘리포니아 출신의 홀리필드는 20대의 자신을 '못 말리는 아웃사이 더'라고 표현했다.

그는 자신의 모든 불운을 주변과 사회 구조의 모순 탓으로 돌렸 다. 좋은 직업을 구하지 못하는 것도, 여자 친구와 헤어진 이유도 끊 임없이 자신을 경쟁으로 내모는 사회적 분위기 탓이라고 생각했다. 그는 시련에 부딪힐 때마다 자신의 실수를 인정하기 보다는 원망의 화살을 외부로 돌리는 청년이었다.

하지만 지금에 와서 그는 이렇게 회고했다.

"엄청난 불행을 겪고 난 후에야 10년 동안 제가 잘못 살아왔다는 사실을 깨달았습니다. 20대의 저는 줄곧 실체가 없는 대상에게 화 를 내고 있었어요. 이 사실을 깨닫지 못했다면 저는 아직도 현실에 발을 내딛지 못하고 이방인처럼 겉돌며 살아가고 있었을 겁니다."

현실에 적응하지 못하는 사람들이 겪는 첫 번째 어려움은 직장을 구할 수 없다는 것이다. 이보다 심각한 폐해는 어떤 직장을 구하건, 무슨 일을 하건 아무런 기쁨을 느끼지 못한다는 데 있다. 이런 사람들은 직장에서 상사의 눈총을 받거나 동료들에게 무시와 따돌림을 당하는 일이 잦다. 그 결과 모든 원망을 다시 사회 체제에 덮어씌우는 악순환을 되풀이한다.

시간이 지나 다시 그를 만났고 나는 그에게 질문을 던졌다.

"사회란 무엇일까요?"

그는 여전히 답하지 못했고, 나는 이런 비유를 들었다.

"사회란 어둠에 휩싸인 방과 같습니다. 우리는 바깥에서 그 방을 바라볼 뿐이죠. 우리는 이 방이 통풍이 잘 되지 않는 꽉 막힌 공간이라고 생각합니다. 하지만 이건 단지 착각일 뿐입니다. 방 안의 공기는 우리가 내쉬는 호흡으로 채워지는 것입니다. 여기에 굳이 저항할 이유가 있을까요? 우리가 할 수 있는 유일한 행동은 이 방의 공기에 적응하는 것입니다. 방 안에서 당신의 위치를 선정하고 그 자리에서 최선의 노력을 기울이는 것입니다. 이것이 사회 안에서 생존하는 최선의 방법입니다."

홀리필드는 다행히 너무 늦지 않게 이 사실을 깨달았고 스스로 변화를 시도할 수 있었다. 현재 그는 직장에서 성공적인 관리자로서 자신의 몫을 다하고 있다. 사회의 본질을 이해한 후로는 많은 부분을 흔쾌히 수용할 수 있게 되었다. 그는 자신에게 허락된 수많은 기회에 감사하게 되었고, 주어진 기회를 십분 활용하여 세상을 변화시키는 데 기여할 수 있었다.

강자의 이론은 곧 법칙이 된다

워싱턴에서 '밀림 세계의 본질과 인식'이라는 주제로 강연했을 때의 일이다.

"밀림은 약육강식의 생존 법칙이 지배하는 곳입니다. 맹수들은 눈에 보이지 않은 유령처럼 밀림 곳곳을 어슬렁거리며 먹이가 될 사냥감을 고릅니다. 어떤 움직임도 노출하지 않고 먹잇감이 출몰하는 통로를 한순간 막아서죠. 밀림의 세계에서는 숨소리를 함부로 내는 것조차 허락되지 않습니다. 만약 섣불리 자신의 존재를 노출할 경우에는 맹수에게 잡아먹히고 맙니다. 이것이 바로 밀림의 현실이며 우리의 현실인 것입니다."

강연 도중 누군가가 손을 들어 질문을 했다.

"맹수의 사냥감이 되지 않으려면 어떻게 해야 합니까?"

사실 이 질문은 우리 모두에게 해당된다. 우리는 세상에 태어나는 순간부터 이 질문을 해결하기 위해서 교육을 받아왔다고 해도 과언이 아니다. 먹이사슬의 최상위 단계에 이르기 위해 사람들은 앞만 보고 달려간다. 실력을 키우고, 지식을 쌓고, 개인의 가치를 높이기 위해 최선을 다하는 이유는 결국 다른 사람의 먹잇감으로 전락하고 싶지 않기 때문이다.

우리 앞에 놓인 선택지는 2가지뿐이다. 사냥꾼이 될 것인가, 사냥감이 될 것인가? 사냥꾼이 되고자 한다면 우리가 할 일은 밀림 세계의 법칙을 숙지하고 따르는 것이다.

강자가 되려면 상대를 제거할 때 결코 자신의 위치를 노출해서는 안 된다. 이것은 밀림의 제1원칙이다. 예를 들어, 자타 공인의 막강한 실력을 갖춘 능력자가 있다고 가정하자. 하지만 그 역시 위험을 감지하는 안테나를 가동하지 않는다면 더욱 강력한 상대의 먹잇감이 되고 만다. 자신보다 강력한 상대와 경쟁을 벌이게 될 때는 철저히 전략을 짜야 한다. 아무런 전략 없이 움직일 경우, 엉뚱하게도 제3자가 모든 결과물을 독식할 수도 있기 때문이다.

인류의 문명사를 주도해온 것은 강자였음을 잊지 말라. 강자의 이론은 곧 법칙이 된다. 이 세상의 법칙을 정하는 것은 강자다. 만약 이 낡은 법칙을 타도하고 새로운 법칙을 정하고 싶다면, 당신이 강자가 되라. 약자는 강자의 부속품이자 희생양이다. 약자의 역할은 밀림이라는 각축장에서 결코 빠져서는 안 되는 단지 한 끼의 식사거리에 지나지 않는다.

　밀림의 세계에서 약자는 도태의 대상이다. 하지만 약자에게 한 가지 다행인 사실은 누구에게나 한번은 기회가 온다는 사실이다. 생존 그 자체보다 중요한 것은 바로 '어떻게 생존할 것인가' 하는 문제다. 기회는 누구에게나 주어지지만 모두 똑같은 과정을 거칠 수 있는 것은 아니다. 내가 사냥꾼인지 사냥감인지도 명확하지 않다. 따라서 경솔하게 자신의 존재를 드러내기보다, 조용히 더 유리한 위치를 선점하기 위해 노력해야 한다.

관계 맺는 자, 살아남을 것이다

맹수들의 위협과 살기로 가득한 밀림에서 생존력은 삶의 예술인 동시에 최고의 병법이다. 그렇다면 인간 세상에서의 생존력이란 과연 어떤 양상이어야 할까? 인류는 서로 관계를 맺으며 성장해 왔다. 따라서 생존이란 인간과 인간의 '관계 맺기'의 역사라고 해도 과언이 아니다. 이러한 생존의 관계를 정확히 인식하고 운용하는 사람만이 살벌한 적자생존의 법칙이 판을 치는 현실의 밀림 세계에서 살아남을 수 있다. 현실에서의 관계는 다음과 같이 3가지 기본 구조로 이루어진다.

1. 수직적 차원의 관계 맺기

존경과 복종의 관계. 강력한 공적을 통해 존경을 주고받는 관계다. 위로부터 관심과 배려, 자애로움을 발휘한다.

2. 수평 차원의 관계 맺기

평등한 관계. 평등이 전제된 상황에서 상호협조가 가능하며, 경쟁 관계가 될 수도 있다.

3. 조직 내에서의 관계 맺기

개인보다는 조직의 이익을 우선시하는 관계. 조직에 속하는 개인의 신분은 각기 다르다.

이 3가지 관계 맺기에 모두 능숙해진다면, 당신은 강자가 될 자질이 충분하다.

우리가 살고 있는 세계의 본질은 '변화무쌍'에 있다. 시대적 변화의 흐름을 놓치지 않으려면 새로운 정보와 지식을 부단히 받아들여야만 한다. 만약 당신이 시대의 변화에 적극적으로 대처하지 못하고 마지못해 뒤따라가기에만 급급하다면 머지않아 변화의 물결에 휩쓸려 도태되고 말 것이다.

그렇다면 우리는 어떤 대책을 세울 것인가? 유일한 대안은 생존력을 기르는 것이다. 생존력이란 선천적 요인과 후천적인 요인을 종합한 개념이다. 쉽게 말하면 당신이 기울인 노력의 최대치와 우연한 기회가 결합된 '유동적인 결과의 총합'이다. 노력과 기회 중 어느 하나도 빠트려서는 안 되며 하나의 요인이 전체를 좌우할 수도 없다.

우리는 학교에서 다양한 지식과 기술을 습득하며, 지능을 계발하고, 주변인들과 공감하는 능력을 키우며 사회적 인맥을 쌓아간다. 이런 경험들은 학교를 졸업한 후 사회라는 밀림에 던져졌을 때, 스스로 생존할 수 있는 바탕이 되어준다. 그리하여 사회에 첫발을 내딛는 순간, 우리에게는 일정한 역할과 좌표가 주어진다. 이때부터는 오로지 자신의 판단과 능력에 따라 먹이를 찾고 자원을 쟁취하며 자신의 역량을 키워나가야 한다. 우수한 역량을 가진 사람이 자연히 먹이사슬 단계의 가장 높은 경지를 차지하게 된다.

바꿀 수 없는 세상,
그럼에도 바꿀 수 있는 것

2002년 한일월드컵 최종 우승팀 선정만을 남겨놓고 전 세계 축구 팬들의 열기가 최고조에 달할 즈음의 일이다. 이탈리아 축구 응원단들의 광기 어린 분노는 극에 달하고 있었다. 이들은 이탈리아 축구팀의 승부 결과와 심판의 판정에 강한 불만을 터트렸다.

"이번 월드컵 경기의 결과는 부조리한 축구 협회와 불공정한 심판의 장난이므로 인정할 수 없다. 우리는 결코 이번 경기의 결과를 받아들이지 않겠다. 결과에 승복하지 않고 반드시 응분의 대가를 치르게 할 것이다."

입장에 따라 의견이 분분할 수밖에 없었던 경기 결과에 대한 이탈리아 응원단의 유별난 항의는 가라앉을 기미가 보이지 않았다. 거세지던 이들의 불만 표출은 광분한 일부 축구팬들의 선동에 의해 거친 시위와 난동으로 이어졌고, 폭력 사태라는 극단을 향해 치달았다.

같은 시기, 이성을 잃은 한 사내가 총기를 들고 거리로 뛰쳐나가는 위험천만한 상황이 벌어질 뻔했다. 열렬한 축구팬인 사내는 흥분을 가라앉히지 못하고 현관문을 박차고 나가려 했으나 다행히도 그의 현명한 아내가 최악의 사태를 막았다.

"잠깐, 여보! 지금 무슨 짓을 할 생각이야?"

"이대로는 분이 풀리지 않아. 도저히 가만히 있을 수가 없어!"

"하지만 지금 당신에게 꼭 할 말이 있어."

"난 누구의 말도 듣고 싶지 않아."

"제발 1분만. 흥분을 가라앉히고 잠깐 앉아서 내 말을 들어봐."

그는 아내의 호소에 손에 들고 있었던 총을 슬그머니 내려놓았다. 아내의 눈을 바라본 순간, 자신이 무슨 짓을 저지르려고 했는지 문득 깨닫게 되었다.

'그래. 억울하다고 해서 상황을 극단적으로 몰고 가면 결국 피해 보는 건 나 자신일 뿐이지.'

원인이 무엇이든, 열망과 노력으로 바꿀 수 있는 부분과 그렇지 않은 현실을 명확히 구분해야 한다. 이 점을 혼동해 이성적인 판단을 하지 못하면 이 남자처럼 어리석은 행동을 할 위험이 높다.

나와 함께 의기투합해 회사를 차렸던 벤에게 이런 질문을 던진 적이 있다.

"창업 초기에 자네는 어떤 생각이 들던가? 열악한 상황에, 계속되는 실패에, 혹시 너무 고생스럽다는 생각은 들지 않았나?"

벤은 빙그레 웃으며 대답했다.

"돌이켜보면 우리는 정말 맨손으로 사업을 일군 셈이지. 서툴러서 손해만 보고 고생이 이만저만이 아니었어. 하지만 그 시절로 돌아간다 하더라도 그때만큼 잘해내지는 못할 것 같네. 우리는 실패를 안겨다준 세상을 탓하거나 원망하지 않았어. 주어진 상황에서 각고의 노력을 다 했고 그때의 노력이 우리에게 지금의 결과를 가져다준 거라고 생각하네."

나는 그의 말을 중간에 가로채며 이렇게 덧붙였다.

"중요한 사실은 우리가 이미 성공했다는 거지."

성공은 우리가 과거에 겪은 모든 고통을 아름답게 승화시켜주며, 세계를 바라보는 시각을 바꾼다. 성공을 거머쥔 사람은 고통과 생존의 개념을 다시 생각하게 된다. 성공으로 가는 길목에서 중도하차한 사람에게는 세계가 고통으로 인식될 것이다. 성공은 지나간 희생과 고통에 대한 가장 큰 보상이며, 인생의 위기를 건너게 하는 최고의 명약이다. 성공의 열매를 맛본 자에게 동정과 연민은 거추장스러운 허례일 뿐이다. 그러므로 반드시, 무슨 수를 써서라도 성공을 맛보길 진심으로 권한다.

강자를 만드는 5가지 관점

1 세상은 불공평하다는 걸 인정하라

불공평한 세상을 탓하지 말고, 자신의 출발점을 직시해야 한다.

2 현실에 불평하지 말고, 적응하라

현실에 적응하지 못하는 사람은 직장을 구하기 어렵다. 직장을 구한다 하더라도 일에서 기쁨을 느끼지 못한다. 반면, 현실에 적응한 사람은 앞에 놓인 기회를 발견할 수 있다.

3 강자만이 세상의 법칙을 정한다

낡은 세상을 타도하고 새로운 세상의 법칙을 정하고 싶다면 강자가 되어야 한다.

4 관계 맺기의 고수가 되라

현실에서의 관계는 수직적 관계, 수평적 관계, 조직적 관계로 나누어진다. 3가지 관계 맺기에 능숙한 사람만이 강자가 될 자격이 있다.

5 생존력이 강자와 약자를 가르는 핵심 요소다

생존력이란 노력과 기회의 합이다. 노력과 기회 중 어느 하나도 빠트리거나 소홀해서는 안 된다.

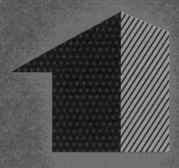

2대 8 법칙

인생의 은인이 될 20%에 집중하라

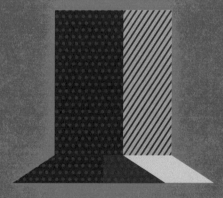

'알고 보면 좋은 사람'은 필요 없다

캐나다에서 유명 체인 레스토랑을 운영하는 헤이우드는 무뚝뚝하고 쌀쌀맞은 성격의 소유자였다. 이웃들의 뇌리에 그는 이미 '성질머리 고약한 주인'으로 낙인찍혀 있었다. 예를 들면 이런 식이었다.

"이봐요! 내 레스토랑 앞에는 주차하지 말라고 했잖소. 당신 차 타이어에 구멍을 내도 날 원망할 생각은 마시오."

살기등등한 그의 기세에 어느 누구도 감히 불평할 엄두조차 내지 못했다.

그러던 어느 날, 그의 레스토랑에도 심각한 불황의 여파가 닥쳤다. 지난 4년 동안 공격적으로 70여 개의 점포를 확장해왔는데 어느 날 정신을 차려보니 혼자 힘으로는 도무지 해결할 길이 없는 자금난에 부딪힌 것이었다. 하지만 누구도 돕지 않고 살아온 그는 누구에게도 도움의 손길을 내밀 수가 없는 처지였다. 누구도 그에게 동정의 시선조차 주지 않았다. 거래하던 은행조차도 그에게 싸늘하게 등을 돌렸고, 사채업자들이 연일 그의 레스토랑 앞에 진을 치고는 으름장을 놓았다.

헤이우드는 그제야 자신이 외톨이라는 사실을 깨달았다. 오랫동안 친구와 교류한 적이 없었을뿐더러 오히려 사방에 적을 만들어놓기 일쑤였다. 그는 뒤늦은 후회에 몸서리를 쳤다.

'시간을 돌이킬 수 있다면 이제껏 내가 했던 모든 실수를 바로잡을 거야. 대체 어디서부터 잘못된 걸까?'

그를 파국으로 몰아넣은 한 가지의 잘못은, 사람을 대하는 태도가 무례하고 무성의했다는 것이다. 타인에게 한 말이나 행동 혹은 사람을 대하는 습관은 평상시에는 그 가치를 알기 어렵다. 하지만 인생 최대의 위기가 닥쳤을 때 비로소 이것이 그 사람의 사활을 움켜쥐고 있다는 사실이 종종 드러나곤 한다. 당신도 혹시 헤이우드와 같은 태도로 사람들을 대하고 있지는 않은가?

까칠한 사람들이 주변의 따스한 지지를 받는 일은 매우 드물다. 아무리 뛰어난 능력의 소유자라도 쌀쌀하고 무표정한 얼굴로 사람들을 대한다면 직장 내에서도 결코 환영받기 어렵다. 상사는 이런 사람들의 잠재력을 일일이 파악할 여력이 없고, 부하직원도 그들을 깍듯이 대접하기 힘들다. 반면 열정을 가지고 온화한 태도로 사람을 대한다면 좋은 사람들을 가까이 두는 기쁨을 누릴 수 있는 것은 물론, 이들을 기반으로 당신의 능력을 성장시킬 수도 있다.

사람을 대하는 기본적인 태도는 사회생활의 성공과 실패를 가르는 중요한 소양이다. 진심이 무엇인가도 중요하지만, 그에 못지않게 어떻게 표현하는가도 대단히 중요하다. 본심은 그게 아닌데, 쑥스러워서 혹은 서툴러서 그랬다는 건 그저 핑계에 불과하다. 상대방은 당신이 표현하는 만큼만 알아챌 뿐이다. 당연히, 관계에도 노력과 열정이 필수적이라는 뜻이다.

특히 열정은 타고난 능력의 한계를 초월하여 사회생활 전반에 훨씬 더 강력한 힘을 발휘한다. 사람을 대하는 열정적인 태도는 항상 우리의 주변에 사람들의 발길이 끊이지 않게 만든다. 이러한 인맥은 현실의 이상을 실현하는 데 결정적인 역할을 한다. 특히 정치가들은 대중의 환심을 사기 위해 열정적인 모습을 보인다. 이들이 보여주는 모습은 반장 선거에 나온 초등학생과 비슷하다.

"저는 여러분의 요구사항을 하나도 놓치지 않고 귀를 기울일 겁니다. 아무리 힘든 일이라도 여러분의 소망을 이루기 위해 저의 모든 열정을 바치겠습니다."

대중들은 한편으로 이 같은 열정이 표심을 공략하기 위한 허세라고 생각하면서도 감동하곤 한다. 그게 바로 '인지상정人之常情'이라는 것이다.

온화한 태도가 인재를 끌어들인다

정치가의 사례에서 볼 수 있듯, 사람을 향한 열정적인 태도는 사람의 마음을 무장해제시킨다. 중국의 고대 정치가들은 이 점을 익히 간파하고 있었다. 전국 시대의 정치가인 맹상군은 자신의 휘하에 모여든 3,000여 명의 식객에게 항상 귀빈 대접을 해주었다. 식객이 하는 일이라고는 무위도식하는 것이 전부였으나, 맹상군은 전혀 개의치 않고 이들을 챙겼다. 세월이 흘러 맹상군이 재상에서 파직 당했을 때, 식객 중 한 명인 풍훤의 도움으로 다시 재상 자리에 오를 수 있었다.

중국 삼국시대 촉한蜀漢의 황제인 유비는 온화한 성품의 소유자였다. 인재를 대할 때는 스스로 자신을 낮췄고 고개를 숙일 줄도 알았다. 조조 역시 인재를 좋아했으나 이들 앞에서 거만한 태도를 드러내는 일이 잦았다. 특히 '장송'이라는 사람을 대하는 상반된 태도는 조조와 유비의 운명을 갈라놓았다.

애초에 장송은 조조의 진영에서 자신의 모든 능력을 발휘하고자 했다. 조조를 위해서 자신의 모든 지략을 짜냈음에도 그에게 돌아온 것은 냉대와 무관심뿐이었다. 조조는 장송을 겉모습으로만 평가하였고 그의 능력을 제대로 알아주지 않았다. 조조의 이 같은 태도는 장송의 자존심을 건드렸고, 두 사람은 더 이상 회복할 수 없는 사이가 되었다.

조조에게 푸대접을 받은 장송은 분한 마음을 참을 수 없었고, 그 길로 유비를 찾아갔다. 유비는 조조와 달리 그를 부드러운 태도로 예의를 갖추어 맞이해주었다. 유비에게 융숭한 대접을 받게 된 장송은 그동안 자신이 가지고 있던 유비에 대한 편견이 오해임을 깨달았다. 유비를 직접 만나보니 그야말로 난세를 헤쳐 나갈 진정한 군자라는 생각이 들었던 것이다. 장송은 유비에게 서촉西蜀이라는 비옥한 영지를 바치기로 결심했다. 결국 호시탐탐 서촉 땅을 노리던 조조는 넝쿨째 굴러들어온 복을 제 발로 내쫓은 셈이 되었다. 유비의 부드러운 태도는 결정적인 순간에 뜻하지 않은 성과를 가져다주었다. 유비가 보여준 '온유한 열정'은 승자가 되고자 하는 이들이 배워야 할 필수 덕목이다.

열정의 가치는 중요한 시기에 빛을 발하는 법이다. 좋은 인연을 맺고 싶다면 상대에게 항상 진심을 다하고 오직 신의로서 만나야만

한다. 특히 사람을 대할 때 열정을 다하는 습관이 몸에 배도록 해야
한다. 이러다 보면 일상생활은 물론이고 업무 영역에서도 운신의 폭
을 늘릴 수 있다. 살다보면 때로는 누군가의 도움의 손길이 필요한
경우가 있는데, 이런 순간에 열정을 다해 인연을 맺은 사람이 당신
의 귀인이 되어줄 수 있기 때문이다. 온화한 태도는 주변에 인재를
가까이 두는 기쁨을 누리는 것은 물론이고 이들을 기반으로 자신의
능력을 더욱 증강시키는 계기가 된다.

인생에 꼭 필요한 은인을 만나라

당신의 인생에 도움을 줄 은인은 누구일까? 이 물음에 대한 답변은 매우 간단하다. 누구나 은인이 될 수 있다! 그들은 언제나 당신 주변에 있으며 어쩌면 당신과 이미 잘 아는 사이일 수도 있다. 중요한 것은 좋은 인맥에 대한 인식을 새롭게 정비한 후에 성심을 다해서 관리해 나가야 한다는 사실이다.

인맥이란 한 사람을 둘러싼 사회적 관계망으로, 혈연과 친지, 친구, 거래처 고객에 이르기까지 소소한 관계 맺음의 총합이다. 자원은 자신과 타인을 통해서 획득한 모든 사회자본을 뜻하는데, 인맥은 여기에 포함된 것으로 세속적 성공의 기반이 되는 자원이다. 경쟁이 치열한 현대 사회에서는 남들보다 우월한 위치를 선점하는 토대로 작용하기도 한다.

청 말의 거상인 호설암은 인맥을 활용하는 비상한 능력을 지니고 있었다. 그는 빈손으로 사업을 일군 자수성가의 표본이었다. 그가 지닌 초기 자본은 사실상 보잘 것이 없었다. 그러나 일개 말단 사환에서 최고의 관리에 이르기까지 그가 활용한 인맥의 폭은 매우 넓었다. 어느 누구도 거들떠보지 않던 일개 견습생에서 세상을 쥐락펴락했던 홍정상인으로 발돋움할 수 있었던 비결은 바로 적확한 인맥 활용이다. 호설암의 성공 사례는 개인이 가진 인맥이 날 때부터 결정되는 것이 아님을 입증한다. 인맥은 늑대가 먹잇감을 사냥하듯 전력을 다해 질주한 자만이 손에 넣을 수 있다.

　명확한 목표 설정은 성공을 앞당긴다. 정확한 목표를 정했을 때 비로소 합리적인 결정을 할 수 있기 때문이다. 그러므로 일단 얻고 싶은 인맥을 구체적으로 설정하라. '이성적 사고에 입각한 정확한 노선'을 확정한 후에는 최대한 현실 가능한 방법으로 실천에 옮겨야 한다. 여기에서 표본의 수가 많을수록 통계의 정확도가 향상된다는 '대수의 법칙'이 적용된다.

　대수의 법칙을 인맥과 자원의 활용에 대입해 보면, '알고 있는 사람의 숫자가 커질수록 활용 가능한 인맥의 총집합 비율은 안정 궤도에 돌입한다'라는 결론에 도달한다. 많은 사람을 만날수록 당신에게 유용한 자원과 정보를 제공할 인맥의 비율이 높아지는 효과를 누릴 수 있다는 뜻이다. 집안에만 머물지 말고 밖으로 나가라. 그리고 인맥과 정보를 광범위하게 수집하라. 수집한 인맥의 창고가 가득 찰수록 활용 가능한 인적 자원이 풍부해지는 것은 당연한 일이다.

프랑스의 자동차 오일 기업인 ELF의 전 총재는 매년 하나의 목표를 세웠다. 1년에 1,000개의 명함을 새로 수집하고, 그들 가운데 200명과 연락을 주고받으며, 다시 그중의 50명과는 친구가 된다는 계획이다. 이처럼 구체적인 수치를 정한다면 보다 쉽게 인맥을 확장시킬 수 있다.

평범한 농부가
캘리포니아 주 의원에 당선된 비결

캘리포니아 주 의원 엘가는 정계에 입문하기 전, 평범한 농장주였다. 그의 수입은 당시 미국 서민의 평균 수준이었다. 하지만 그는 자신의 수입 가운데 반 이상을 클럽 설립에 사용했고, 그곳을 정치인들이 주말을 이용하여 서로 교류를 나누는 친목의 장으로 만들었다. 엘가의 클럽은 전국 사업가들의 모임 장소로 이용되기도 했다. 엘가는 클럽에서 열리는 모임을 통해 새로운 친구를 사귀고 이렇게 쌓은 인맥을 활용하여 친구들을 서로 연결해주기도 했다. 친구가 된 이들은 클럽을 무대로 각자의 영역에서 쌓은 정보와 노하우를 교환했다.

클럽이 결성된 지 10주년이 되는 해, 엘가는 정치에 도전장을 냈다. 정치에 입문한 지 5년 만에 그는 캘리포니아 주 의원에 출마했고 지명도 높은 의원으로 성장했다. 그 기간 동안 가장 눈에 띄는 변화는 클럽 회원 수가 눈덩이처럼 불어났다는 사실이다. 70명에 불과했던 초기 회원은 무려 2,000명으로 늘어났으며, 새로운 회원들은 모두 상류사회의 인사들로 채워졌다. 그야말로 거대한 사교모임이 결성된 것이다. 그들의 사회적 영향력은 상상을 초월할 정도로 커졌다.

엘가는 말했다.

"나는 많은 사람들이 각자가 가진 자원을 클럽의 회원들과 기꺼이 공유하기를 바랍니다. 상호 교류의 방식을 도입한 덕분에 이 클럽이 단기간 안에 발전할 수 있었습니다. 클럽의 회원들은 누구나 모임을 통해서 가장 효과적인 방식으로 각자가 원하는 현실적 목표를 달성할 수 있었을 거라고 확신합니다."

엘가의 사례처럼 다른 사람에게 당신의 가치를 전달하는 것은 당신을 한 단계 성장시키는 효과적인 방식이다. 정보는 타인과 공유할 때 가치가 확장된다. 자신이 보유한 가치를 혼자서만 독점하거나 가치의 연계를 꺼린다면 자원의 활용도는 낮아지고 종합적인 능력을 갖출 수 없다. 자신의 가치는 물론이고 자신을 둘러싼 주변인의 가치를 인정한다면, 상호 연계에 힘써라. 이때, 스스로 가치의 구심축이 되어야 한다.

엘가의 클럽과 같은 가치의 플랫폼을 구축한다면 자원의 활용도는 훨씬 높아진다. 따라서 가치의 플랫폼을 확장하고 모든 구성원의 가치를 최대화하는 일은 매우 중요하다. 이런 방식은 잠재되어 있던 관계의 네트워크가 당신을 주축으로 연계되는 결과를 가져오며 이를 통해 더욱 많은 기회가 찾아온다.

100명의 친구와 교류하고 싶다면

케네디 매니지먼트 대학의 객원 교수였던 톰슨은 다음과 같이 주장했다.

"개개인이 자신의 가치 플랫폼을 인식하고 이를 탐색하게 되면 서로 다른 가치들이 확장되고, 주변인들에게 전달된다. 이는 더욱 빈번한 정보의 교류가 이뤄지는 도화선이 된다. 가치 플랫폼을 통해 당신은 스스로 더욱 강력한 지식의 보고로서의 역할을 하게 된다. 자신의 지적 욕구를 충족시킬 뿐 아니라 주변인에게도 그들이 필요로 하는 정보들을 제공할 수 있으므로 이보다 더 강력한 성공의 도구는 없다."

나는 톰슨 교수와 연구를 진행한 적이 있다. 중국과 미국의 50여 개 도시에서 화이트칼라 직종에 종사하는 5만 명을 인터뷰 대상으로 삼았다. 인터뷰 내용은 '자신의 인적 네트워크를 얼마나 인식하고 있는가?' 하는 것이었다. 연구 결과, 대부분의 사람들은 자신이 보유한 인적 네트워크는 물론이고, 이를 기반으로 대량의 지식과 정보 자원을 유용하게 활용하는 방법에 관해서도 전혀 파악하지 못하고 있었다.

이러한 결과를 입증하듯 한 엔지니어는 내게 이러한 이메일을 보내왔다.

"제게는 100명의 친구가 있습니다. 저는 이들을 한 자리에 모이게 할 방법을 찾고 있습니다. 친구들을 서로 연결해주고 싶지만 안타깝게도 어떻게 하면 좋을지 모르겠어요."

당신도 인적 네트워크를 통해 정보를 공유하고 싶다면 엘가의 클럽과 같은 플랫폼을 구축하라. 정보 공유 플랫폼은 잠재되어 있던 관계의 네트워크가 당신을 주축으로 연계되는 결과를 가져오며, 이를 통해 당신에게 더욱 많은 기회가 찾아올 것이다.

인맥 관리의 2대 8 원칙

풍부한 인맥도 일정 수준을 벗어나면 정리가 필요하다. 이때 적용할 수 있는 것이 '2대 8 원칙'이다. 이 원칙은 소수의 영향력을 강조한다. 2대 8 원칙에 따르면 상위 20% 상품이 80%의 이윤을 책임지며, 상위 20%의 고객이 80%의 매출을 올려주고, 상위 20%의 부자가 80%의 부를 소유한다.

2대 8 원칙을 인간관계에 적용해보면 성공에 영향을 미치는 사람은 상위 20%라는 결론을 얻을 수 있다. 실제로 인생의 중대한 결정에 영향을 주는 사람은 당신이 아는 사람 중 소수에 불과하거나 의외의 한 사람인 경우가 적지 않다. 2대 8 원칙을 적용하여 자신의 인맥을 기록하고 중요한 인맥은 상위에 배열하라.

싱가포르에서 처음 미국에 도착했을 때, 나는 수백 명에 달하는 사람들을 만났다. 이들 가운데는 나와 비슷한 가치관을 지니고 사업상의 목표가 일치하며 업무를 처리하는 방식이 놀라울 정도로 흡사한 몇 명이 있었다. 나는 그 때 만난 몇 명의 사람들과 컨설팅 회사를 공동 설립하게 되었다.

살면서 마주치는 모든 사람에게 충실할 수는 없다. 사람들을 중요도에 따라 구분해 어느 정도의 열정을 투입할 것인지 결정한 후에 에너지를 분배해야 한다. 인맥을 탐색한 후 상위 20%에게 80%의 에너지를, 하위 80%에게 20%의 에너지를 투자하라. 상위 20% 중에서도 인생의 터닝 포인트를 만들어줄 것으로 기대되는 사람은 남다른 안목으로 지켜봐야 한다.

성공적인 인맥 관리 5계명

❶ 사람을 대할 때 까칠한 태도는 금물이다

사람을 대하는 태도는 사회생활의 성패를 가르는 중요한 소양이다. 부드럽고 온화한 태도로 상대를 대하라.

❷ 주변 사람들에게 진심을 다하라

인생에 결정적 도움을 줄 은인은 주변에 있다. 새로운 인맥을 만들려고 애쓰기 전에, 주변에 있는 사람들에게 관심을 쏟으라.

❸ 최대한 많은 사람을 만나라

표본의 수가 많아질수록 정확도가 향상된다는 '대수의 법칙'은 인맥 관리에도 적용된다. 알고 있는 사람의 수가 많아질수록 활용 가능한 인맥이 넓어진다.

❹ 인맥도 정리가 필요하다

관리 가능한 수준을 벗어날 경우, 인맥 정리가 필요하다. 중요한 상위 20%의 인맥에 집중해 에너지를 투자하라.

❺ 사람들을 이어줄 플랫폼을 만들라

소모임, 스터디 그룹, 동호회 등 사람들을 이어줄 플랫폼을 구축하라. 그다음, 스스로 플랫폼의 중심이 되라.

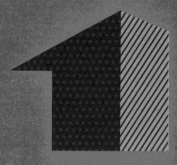

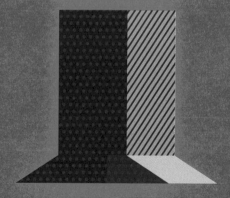

임파워먼트 법칙

'혼자' 영웅이 되려 하지 말고 '함께' 해내라

말은 겸손하게, 행동은 자신만만하게

스미스는 이런 말을 했다.

"진정한 정치인은 자신감을 내보이면서도 겸손함을 잃지 않는 사람이죠. 하지만 나는 지금까지 이러한 정치인을 만나본 적이 없습니다."

8년간 미국의 정치 무대에서 활동하는 동안 무수히 많은 정치인들을 만나왔지만, 이러한 기준에 맞는 훌륭한 정치인이 극히 드물다는 말이었다.

우리는 자신만만한 표정을 잃지 않으면서도 겸손한 태도를 보이는 사람들에게 호감을 느낀다. 그러나 자신만만함과 겸손함이라는 양극의 덕목 사이에서 중도를 지키는 일은 그만큼 쉬운 일이 아니다. 따라서 자신감과 겸손함을 절묘하게 접목한 이미지를 형성하는 일이 당신의 사회생활을 성공으로 이끄는 키포인트가 될 것이다.

스미스는 이렇게 덧붙였다.

"입으로는 겸손을 말하고 표정과 행동은 자신감을 보이라."

그의 말에는 중국인들의 처세 방식이 담겨 있다. 중국 사람은 일반적으로 눈빛과 표정에서 자신감을 표출함으로써 상대의 신뢰를 얻어야 하며, 온화하고 겸손한 인품을 통해 인간적인 면모를 보임으로써 개인의 영향력을 높여야 한다고 믿는다.

2009년, 스미스와 나는 워싱턴에서 발행되는 한 과학 잡지에 오랜 기간 동안 연구한 결과를 게재한 적이 있다. 우리가 접한 수많은 사례를 통해서 알 수 있었던 사실은 성공한 사람들은 그들이 속한 영역을 불문하고 모두가 겸손한 태도를 보였다는 사실이다. 하지만 개인적으로 접촉할 경우, 이들은 자신만만한 태도를 보이는 경우가 많았다. 결론적으로 이들은 겸손함과 자신감의 중간 지점에서 유연성을 지니고 있으며, 겸손한 태도와 자신만만한 태도를 자유롭게 오간다는 공통점이 있었다. 반면 인생의 실패자들은 겸손한 태도를 보여야 하는 상황에서 거만하게 행동했으며, 자신감을 드러내야 하는 순간에 비굴한 모습을 보였다.

우리는 이 두 가지 태도의 발현에 관해 좀 더 깊이 조사하고자 5,000명의 학생들을 인터뷰했다. 주 연령대는 16~18세로, 미국과 일본, 중국 등 다양한 국적의 학생들이었다. 우리는 이들에게 다양한 어휘를 제공한 후에 한 쌍의 단어를 묶어서 조합을 이루게 하고, 가장 빠른 시간 내에 가장 많은 단어의 조합을 이루는 사람에게 높은 점수를 부여했다. 참가자들은 누구의 도움도 요청해서는 안 되고, 혼자 힘으로 단어의 조합을 완성해야 했다. 실험 결과, 미국 국적의 학생들이 가장 높은 점수를 받았고 다음은 중국, 일본 국적의 학생 순이었다. 재미있는 사실은 실험 초반부터 가장 큰 자신감을 보인 학생들도 미국 학생들이었다는 사실이었다. 일본 학생들은 때로 지나치게 겸손했으며 과도한 자신감을 노출하기도 했다.

이 실험을 통해 우리는 사회적 분위기가 사람들의 겸손함과 자신감에 적지 않은 영향을 미친다는 사실을 알게 되었다. 미국 학생들은 대체적으로 개방적인 특성을 보였으며, 이러한 특성은 적극적인 태도와 자신감의 표현으로 이어졌다. 이에 비하여 아시아인들은 공개적으로 자신의 감정을 표출하는 것을 꺼렸으며, 억압된 사회적 분위기 속에서 양극의 태도를 오가는 극단의 양상을 보였다.

감정에 휘둘리기 전에 사실 관계부터 파악하라

청쿵그룹 영업 부서에서 관리자로 일하던 시절, 우리 회사는 높은 연령의 중간 관리자들이 명예 퇴직한 이후에 영업부의 일선에서 근무하도록 한 적이 있었다. 하지만 이러한 방침을 정한 후, 젊은 사원들의 불평이 이어졌다. 젊은 후배 사원에게 자신들의 영업 노하우와 고객을 응대하는 방법을 가르쳐달라는 회사의 취지와 달리, 이들은 근무 시간에 슬쩍 커피숍으로 사라져서 하루에 4~5시간 동안 자리를 비우곤 했기 때문이다.

후배 사원들은 입을 모아 말했다.

"물론 그 분들이 회사에 기여한 공적을 무시하는 것이 아닙니다. 하지만 직책이나 권한을 떠나서 이는 상당히 불공정한 일입니다. 우리더러 이들에게 순응하라는 것은 연공서열의 관습을 공공연히 강요하는 일이죠. 결국 우리도 나중에 이러한 폐습을 따르지 않는다고 장담할 수 없어요."

  불평의 화살을 받은 중간 관리자들을 만나 면담해본 결과, 이들이 근무 시간에 고의적인 게으름을 피우는 것은 아니라는 사실을 알게 되었다. 고령의 나이가 되다 보니 후배들처럼 일선 현장에서 발로 뛰며 성과를 올릴 만한 체력이 되지 않았던 것이다. 결국 선배가 후배를 이끌어준다는 회사의 이상적인 방침은 모순으로 끝이 났다.

  당시 나는 회사에 한 가지 제안을 했다. 고령의 퇴직자의 경우, 비교적 업무가 한산한 부서로 재배치할 것을 요청했다. 이러한 후속 조치는 퇴직자들의 요구에도 부응하는 것으로 이들의 연봉은 직급에 맞춰 하향 조정되었고, 3년 후에는 회사를 떠나도록 했다. 이러한 조치를 감행한 이후, 고령의 퇴직자나 젊은 사원 양측의 불평이 모두 잦아들었다. 다양한 욕구를 모두 충족시킬 수 있는 공정한 기준의 필요성을 깨닫게 해준 사례였다.

심복을 얻고자 적을 만들지 말라

1장에서 언급한 것처럼, 현실 세계에서 경쟁의 결과와 상관없이 동
등한 결과를 얻는 '원초적 평등'은 존재하지 않는다. 하지만 모든 경
쟁마다 일정한 규칙을 적용하는 '기회의 평등'은 지켜야 한다. 공정
함이란 모두에게 동일한 잣대를 적용하는 것이다. 일단 규칙을 정했
으면 모든 이에게 고르게 적용하라. 예외를 두거나 특혜를 허락하지
말라. 이것은 공정성의 핵심이다. 공정함은 우수한 관리자가 갖춰야
할 필수 덕목으로 모든 영역에서 이러한 가치를 적용해야 한다.

공정은 정직의 다른 말이다. 일 처리를 할 때는 일정한 제도를 갖
춰야 하고, 균형 감각을 잃지 말아야 한다. 사적인 감정에 흔들려,
특정 개인에게 편파적인 태도를 보여서도 안 된다. 이러한 태도는
공정성을 흐리게 할 뿐 아니라 파벌주의를 초래하여 과열 경쟁을 부
른다. 매사 합리적이고 사리에 맞게 처리해야 하며, 개인의 감정이

의사 결정에 영향을 미치지 않도록 주의를 기울여야 한다.

사실 이러한 습관은 말처럼 쉽지 않고 실제 행동으로 이어지기는 더더욱 쉽지 않은 일이다. 여기에는 우선 하나의 덕목이 추가되어야 하는데 공평무사의 자세다. 모든 사람에게 공정함을 추구하며 관대함을 고르게 배푸는 것이다. 그 후에 철저한 점검을 통해 의사 결정의 기준이 어느 한쪽으로 기우는 것을 결코 용납하지 말아야 한다. 특히 완벽한 관리자가 되고 싶다면 시종일관 객관적인 잣대와 공평한 시각으로 부하 직원을 대해야 한다.

공정한 대우를 바라지 않는 사람은 없다. 누구나 자신이 속한 사회 혹은 조직의 일원에게 한 치의 치우침 없는 동등한 처우를 기대한다. 특정인에게 특혜를 주거나 편애하는 조직은 머지않아 와해되기 쉽다.

이 글을 읽는 당신이 만약 관리자라면 이유 여하를 불문하고 '심복을 얻고자 적을 만드는' 경우를 피해야 한다. 혹은 일부 업무에 몰입하느라 다른 사안을 소홀히 한다는 인상을 주어서도 안 된다. 이런 일이 반복될 경우 조직의 신임을 잃을 수도 있다.

청쿵그룹의 사례처럼 고령의 퇴직자들에 대한 처우에 최선을 다하고자 했던 회사의 방침은 젊은 사원에 대한 복지 혜택과 동일한 선상에서 다뤄야 하는 일이다. 당신이 결정을 내리거나 업무를 처리하는 방식은 주관적 감정이 아닌 객관적인 사실에 부합해야 하며,

늘 공정하고 기본 원칙을 지켜야 한다. 개개인의 다양성을 고려하고 서로 다른 의견을 수렴하면서도 도리에 어긋나지 않는 공정함은 금상첨화의 결과를 가져올 수 있다.

뛰어난 재능의 소유자들이 빠지기 쉬운 함정

2004년에 열렸던 아테네 올림픽에서 미국 선수들은 환상의 조합이라는 찬사를 받으며 400미터 육상 릴레이에 참가했다. 육상 경기는 전통적으로 미국이 강세를 보이는 종목으로, 특히 아테네 올림픽에 참가한 선수들은 세계 최정상급 실력을 보유하고 있었다. 이들 개개인은 전혀 나무랄 데 없는 막강한 실력의 소유자였다. 그러나 이변이 일어났다. 미국 선수들이 바통 터치에서 삐끗하면서 100분의 1초 차이로 영국 선수들에게 금메달을 내준 것이다. 영국 선수들은 개개인의 실력으로는 미국에 미치지 못했지만, 환상적인 호흡으로 금메달의 주인공이 되었다. 이를 지켜보던 미국 관중은 물론이고 전 세계가 경악을 금치 못했다.

"완벽한 개인은 존재할 수 없다. 오직 완벽한 조직만이 존재할 뿐이다."

모든 상황에서 옳은 명제는 아니지만, 나 역시 개개인의 능력 발휘보다는 조직의 종합적인 작전 능력 고취가 우선이라고 생각한다. 우리 주변에는 '개인 영웅주의'를 꿈꾸는 이들이 여전히 존재한다. 그들은 자신을 스스로 매우 강인하다고 여기고 개인의 실력을 과시하려는 경향을 보인다. 이들은 업무를 독점해 조직에서 영웅이 되기를 갈망한다. 누구의 도움도 원치 않으며 동료의 능력을 과소평가한다. 때로는 상사의 역할까지도 무시하고 상사의 명령이나 지시 사항을 한 귀로 듣고 한 귀로 흘려보내기도 한다.

"지금 제 의견이 틀렸다는 건가요? 죄송하지만 저는 그 의견을 받아들일 수 없습니다."

조직 속에서 이렇게 독불장군 식으로 행동하는 사람의 심리 이면에는 불신과 자기 과시가 도사리고 있다. 그러나 이러한 유형의 인물은 조직 속에서 융화되지 못하고 오히려 언제 터질지 모르는 폭탄 혹은 암적인 존재로 인식될 뿐이다. 이들은 언제 어디서 조직의 질서와 안녕을 깨트릴지 알 수 없다.

세상엔 개인의 역량만으로 완수할 수 없는 일들이 적지 않다. 우리는 보이지 않는 수많은 사람들의 도움을 통해 현실적인 목표를 완수한다. 개인 영웅주의는 조직 내에서 옥에 티와 같다. 이러한 망상에 빠지지 않도록 조심해야 한다.

이른 승진이 꼭 좋은 것만은 아니다

뛰어난 재능을 가진 사람들은 홀로 능력을 발휘할 기회를 노린다. 하지만 이들은 종종 상사의 골칫거리가 되기도 한다. 마치 양날의 검처럼 그들을 다루기가 쉽지 않기 때문이다. 두뇌가 비상하고 재능이 있는 사람일수록 개성이 강하고, 업무 과정에서 동료와의 화합을 중요하게 생각하지 않는다. 이들은 특히 상사를 신뢰하지 않고 오로지 개개인의 역량 발휘에만 치우치는 경향이 있다. 개인의 공적만 앞세울 뿐 조직의 이익은 고려하지 않는 것이다.

개인 영웅주의를 꿈꾸는 이들은 오직 자신만 생각할 뿐 동료들과의 팀워크는 중요하게 여기지 않는다. 자신의 존재는 대체 불가능한 것이라는 망상에 빠진 이들은 조직의 발전에 기여할 수는 있지만, 개인의 역량이 결코 조직의 역량을 추월할 수 없다는 명제는 철저히 무시한다.

나는 젊은 사원들에게 매번 이렇게 강조한다.

"여러분이 처세의 비결과 생존 전략을 자주 묻습니다. 이러한 질문을 받았을 때 제가 늘 강조하는 제1조 1항은 개인 영웅주의에서 탈피하라는 것입니다. 가급적이면 여러분 자신을 조직의 평범한 일원으로 받아들여야 합니다. 아무리 뛰어난 재능의 소유자라도 자신이 무소불위의 능력을 지녔다고 착각해서는 안 됩니다. 동료들에게 합리적인 업무 처리 태도를 배우고 조직의 논리에 순응하는 법부터 터득한 후에 조직의 지지와 보호를 받으며 자신의 이상을 실현해야 합니다."

물론 자신만만한 패기를 탓하려는 것이 아니다. 패기는 청년에게 반드시 필요한 덕목임에 틀림없다. 하지만 개인 영웅주의 논리에 빠지면 자신을 궁지에 몰아넣고, 스스로 해치게 된다. 이들은 자신의 결점을 인정하려 들지 않기 때문이다. 이러한 태도는 사회의 생존 경쟁에서 이들의 발목을 붙잡는 올가미가 된다.

이들과 달리 팀워크의 중요성을 아는 사람들은 사회에서 환영을 받는다. 동료와의 관계에 소홀하지도 않고, 조직적인 역량의 중요성을 순순히 인정하기 때문이다. 업무 능력이 뛰어남에도 겸허한 태도로 자신의 공적을 드러내기를 원치 않으며, 동료에게 영광을 돌릴 줄도 안다. 이런 사람들은 대부분 성공 가도를 달리면서 폭넓은 인간관계를 유지한다.

청년들에게 하고 싶은 충고는 '평범한 직급에 불만을 갖기보다는 오히려 자신의 능력이 과대평가되는 것을 두려워하라'는 것이다. 자신의 능력에 맞지 않는 높은 직급을 맡게 될 경우, 이들은 쉽게 외부의 압력을 받게 되며 사소한 위기 상황에도 공격을 받거나 비난의 대상이 될 수 있다. 그렇다면 개개인의 능력이 아무리 뛰어나다고 한들 충분한 역량을 발휘할 분위기를 조성하기 힘들다.

이기적인 영웅은 오래 갈 수 없다

중국 자동차회사 영업사원인 저우 씨의 세일즈 능력은 나무랄 데가 없었다. 그의 실적은 사내에서 따라올 자가 없었다. 하지만 일정한 성과물을 얻고 난 후 그는 동료들에게 고압적인 태도를 보이기 시작했다. 고객을 직접 상대해야 하는 콜센터 직원들 역시 그의 실적에 혀를 내둘렀다. 하지만 그의 태도는 몹시 거만했다.

"만약 내가 없다면 너희들도 밥벌이 하기 힘들었을 거야."

이처럼 노골적인 말도 서슴지 않으며 직원들을 무시했다. 그리고 이들의 응대가 조금만 불만족스러워도 자신의 고객들이 불만을 제기하도록 유도했다. 처음엔 그의 월등한 능력과 직위 때문에 아무도 불만을 드러내지 못했다. 하지만 시간이 지나면서 직원들의 공공연한 저항이 시작되었다. 저우 씨의 거래 고객이 애프터서비스를 요청하면 일부러 시간을 끌거나 합당한 처리를 제대로 해주지 않았다.

결국 저우 씨에게로 불똥이 튀었다. 자동차를 구매한 후 원하는 서비스를 받을 수 없게 된 고객들의 불만은 삽시간에 소문으로 퍼졌고, 그의 영업 실적은 곤두박질치기 시작했다. 결국 회사 내에서도 입지를 완전히 잃었다. 고객들에게 신뢰를 잃은 그는 결국 사표를 낼 수밖에 없었다.

저우 씨의 사례에서 볼 수 있듯, 개인 영웅주의는 오래 유지될 수 없다. 이러한 사람들이 조직을 이끌게 된다면 개인의 공적은 쌓일지 몰라도 조직원과의 화합은 기대할 수 없게 된다. 조직 내부의 불신은 결국 모두에게 좋지 않은 영향을 줄 뿐이다. 조직을 저버린 개인은 성공에 이를 확률이 낮다. 조직의 역량이 날개를 펼칠 때 개인의 능력도 빛을 발하는 법이다. 조직의 역량이 최고치에 이르면 개인의 시간과 노력을 최소화해도 성공은 가까이에서 다가온다. 따라서 자신의 실력을 보존하기 위해서라도 반드시 조직의 이익을 앞세워야 한다. 죽어도 그렇게 못하겠다면, 최소한 그런 것처럼 보이는 연습이라도 하라.

혼자 모든 일을 처리하려는 건 환상이다

정서적 안정감이 결여된 사람들은 무슨 일이든 자신이 직접 나서서 처리하지 않으면 직성이 풀리지 않는다. 이들은 모든 항로를 스스로 정하는 파일럿처럼 모든 방향키를 혼자 거머쥐고 있어야만 비로소 자신의 능력을 인정받을 수 있고, 자신이 살아 있다는 느낌을 받는다. 인생 역시 오로지 자신의 손으로 좌지우지할 수 있어야만 정서 상의 안정감을 갖는다.

항저우杭州에서 기업을 경영하는 어느 총재는 이렇게 고백했다.

"나는 이 회사가 설립된 지 두 달 후 입사한 창업 멤버였죠. 당시 회사 사정은 매우 어려웠습니다. 사장은 고작 세 명의 사원을 닦달해서 이윤을 내려고 안간힘을 다했어요. 약 8개월 동안의 악전고투 끝에 회사는 경영상의 안정 궤도에 접어들 수 있었죠. 그 당시 몸에 밴 습관 때문인지 이후에도 나는 상부의 지시를 기다리지 않고 독자적으로 업무를 처리해왔습니다. 업무의 경중을 가릴 것도 없이 모든 업무를 철저히 나만의 방식대로 진행해야만 직성이 풀렸어요. 나의 능력을 보여주려면 이렇게 독자적으로 업무를 처리하는 수밖에 없다고 여겼던 것 같습니다. 나의 이러한 방식에 따르지 않는 부하 직원은 절대 인정하지 않았죠."

그는 모든 업무를 혼자 장악하는 스타일이었다. 큰 방향을 파악하고 난 후에는 세부적인 사항은 독자적으로 진행했다. 여기에 반대하는 동료와 부하 직원들의 원성이 날로 커졌지만, 그는 자신의 방식이 별 문제가 되지 않는다고 생각했다. 모든 업무가 그의 주도 하에 완벽하게 제어되고 있었고, 효율성 면에서도 높은 성과를 보였기 때문이었다. 그는 업무의 A부터 Z까지가 자신이 원하는 대로 군더더기 없이 진행되고 있다고 믿었다. 사장 역시 그의 일처리 방식을 문제 삼지 않았으며, 오히려 고위 간부급 회의석상에서 종종 그의 업무 능력을 치하했다. 상당한 지분의 주식을 그에게 주었으며, 덕분에 회사 내 그의 발언권은 나날이 커졌다.

이러한 독자적인 업무 방식이 과연 효과적일까? 물론 장점이 전혀 없는 것은 아니다. 하지만 이러한 업무 방식에는 내면의 결핍이 작용하고 있다는 사실에 주목할 필요가 있다. '완벽하고 이상적인 자아'의 주도에 심리적 결핍감이 더해져서 모든 일을 스스로 처리하는 것이 최선이라는 환상에 사로잡히게 된다. 환상에 사로잡힌 사람들은 어떤 문제가 발생하기 전까지 자신이 원하는 것과 반대 방향으로 일이 잘못되어 가고 있다는 사실을 전혀 알아채지 못한다. 이런 사람들은 종종 지나치게 자신을 소모하는 경향이 있다.

화진은 미국에서 하이테크놀로지 기업을 경영하는 기업가이자, 다수의 테크놀로지 기업의 투자자이기도 하다. 그에게는 1990년대 초 애플의 기술 홍보이사를 담당한 흥미로운 경력도 있다. 구글과 모토로라의 기술 고문을 역임했던 경력의 소유자이기도 한 그는 후에 그래픽 기술을 개발하여 사업의 독점권을 따냈으며, 테크놀로지 업계에 기술적 서비스를 제공하고 있다.

이처럼 화려한 경력을 가진 그는 항상 이렇게 말했다.

"야심만만한 창업자들이 가장 저지르기 쉬운 흔한 실수는 매사를 제 손으로 전부 처리해야 한다는 과도한 욕심을 부리는 것입니다."

실제로 창업자들의 뇌는 쉬지 않고 가동된다. 이들은 오로지 자신의 손으로 처리하지 못한 일이 무엇인지에만 집중한다. 따라서 외부에서 변화가 닥쳤을 경우, 이를 완벽히 제어하지 못한다. 문제는 세상에 어느 누구도 모든 것을 완벽히 제어할 만큼의 강력한 에너지를 지니고 있지 못하다는 사실이다. 매사를 혼자 해결하려는 심리는 우리의 에너지를 소진하게 만들 뿐 아니라 현실의 사소한 실수로 인해 그간의 공든 탑을 단숨에 무너뜨리는 결과를 가져올 수도 있다.

손안의 권력은 깨진 유리와 같다

모든 결정을 혼자 좌지우지하려는 성향은 사실 동정의 여지조차 없는 치명적인 과오다. 훌륭한 관리자라면 신뢰할 만한 인재를 발굴하여 그에게 권한을 위임해야 한다. 그리고 과도한 업무의 압력에서 벗어나는 것을 최고의 전략으로 삼아야 한다. 한 사람의 영웅이 모든 일을 처리할 수는 없다. 어떤 사람들은 업무에 과도하게 몰입하여 산더미처럼 일을 쌓아놓는 것을 즐긴다. 대부분의 일중독자가 여기에 해당하는데, 이들은 업무를 독식하기를 즐기며 타인이 자신의 업무에 관여하는 것을 꺼린다.

당신도 혹시 업무를 독식하는 것을 즐기는가? 만약 그렇다면 당신의 삶은 결코 이상적이지 못하다. '끝이 보이지 않는 아득한 미로' 속에 자신을 억지로 밀어 넣는 사람은 행복을 느끼기 어렵다.

모든 것을 완벽히 독자적으로 제어하려는 심리의 밑바닥에는 강럴한 불안 심리가 있다. 이들은 자신의 성실성을 입증하고 과시하려는 욕망에 사로잡혀 있다. 이들은 주변의 압력에 스스로 스트레스를 받으며 자신이 매우 미약한 존재라는 망상에 빠진다. 이는 자기 비하에 해당한다. 취약한 심리를 감추기 위해서 대외적으로 자신을 과시하며 공적을 드러내기를 좋아한다. 사소한 항목도 자신의 시야 밖으로 벗어나는 것을 용납하지 않는다. 또한 자신이 허락하지 않은 방식으로 업무가 진행되는 것을 원치 않는다. 이처럼 모든 것을 자신의 통제 아래 두려는 태도는 어떻게 변화시킬 수 있을까?

1. 권력의 속성을 다시 생각하라

권력은 통치자들이 자주 사용하는 가장 효과적이고 실질적인 도구다. 권력은 권위와 이익을 독점하게 해준다. 사람들이 권력욕을 갖는 이유가 바로 여기에 있다. 매사를 제 손으로 제어하려는 욕망에서 벗어나고 싶다면 권력의 속성에 대한 인식부터 쇄신하라. 권력은 욕망을 만족시키기도 하지만 우리 영혼에 깊은 상처를 줄 수도 있다.

권력은 손안의 유리를 움켜쥐는 것과 같다. 완벽히 장악하고자 하면 그에 따른 책임감까지 모두 짊어져야 한다. 물론 처음에 느끼는 쾌감은 짜릿할 수도 있지만, 그 후에는 끝 모를 피로감이 몰려온다. 권력을 독점한 자의 결말은 대부분 참담하다. 주도권을 장악하게 되면 모든 것을 완벽히 제압하고 조정할 수 있지만, 이것이 모든 것을 보완해주는 것은 아니다. 적당한 권한을 위임하고 주도권을 분산하는 길만이 인생의 여유를 누리는 비결인 셈이다.

2. 돈을 인생의 목표로 삼지 말라

업무를 혼자 장악하려는 사람 중에는 돈을 인생의 목표로 여기는 이들이 적지 않다. 하지만 부는 본질적으로 인간이 제어할 수 있는 영역이 아니다. 이런 관점에 당신도 동의하는가? 어떤 이는 이렇게 말한다.

"나의 재산이 수억 원에 달한다고 해도 누군가는 분명 이보다 훨씬 더 많은 자산을 보유하고 있다. 이런 생각이 들 때마다 나는 허무해지곤 한다. 결국 돈이 인생의 모든 것을 해결해주지 않는다는 평범한 진리를 깨닫게 된다."

그렇다. 돈은 일상의 도구일 뿐 결코 인생의 목표가 될 수 없다. '돈이 있으면 귀신도 부린다'는 말은 돈이 지닌 도구적 특성을 강조하고 있다. 돈은 인생의 각종 이상을 실현하도록 도와줄 뿐, 돈으로 모든 것을 해결하기에는 역부족인 경우가 많다. 따라서 우리는 돈의 유용성을 정확히 인지할 필요가 있다. 돈을 소유하되 돈과 적당한 거리를 유지하는 현명한 태도가 필요하다.

3. 애정 어린 시선으로 세상을 바라보라

인간의 감정 중에서 '사랑'은 매우 강렬한 제어의 수단이다. 사랑의 제어를 거부할 수 있는 사람은 매우 드물다. 사랑이 기저에 깔린 경우 지도자의 제어 능력은 강화된다. 부하 직원을 대하는 시각을 감시 일변도의 관리에서 사랑의 에너지로 바꿀 때, 비로소 크나큰 깨달음을 얻을 수 있다.

최고의 사랑은 상대를 자유롭게 놓아주는 것이다. 하지만 상대를 자유롭게 놓아주는 데는 상당히 큰 용기가 필요하다. 사랑의 에너지로 세상을 이해하는 것은 사랑을 기반으로 세상을 건설하는 것이며 결국 현실과의 원만한 융화를 실현하는 지름길이 될 것이다.

인정받는 리더의 4가지 소통법

① 말은 겸손하게, 행동은 자신만만하게 하라

겸손함과 자신만만함은 모두 리더가 필수적으로 갖춰야 할 자질이다. 리더는 상황에 따라 겸손함과 자신만만함을 조절해서 표현해야 한다.

② 구성원 모두에게 동등한 규칙을 적용하라

성과와 상관없이 모두가 같은 결과물을 얻는 '원초적 평등'은 멀리 하라. 리더가 지켜야 할 평등은 모두가 같은 규칙을 바탕으로 경쟁하게 하는 '기회의 평등'이다.

③ 개인의 능력 발휘보다는 조직 역량 강화에 집중하라

개인의 역량은 조직의 역량을 능가할 수 없다. 업무를 독차지해 조직에서 영웅이 되려 하지 말라. 세상에는 혼자 힘으로 해낼 수 없는 일들이 훨씬 많다.

④ 부하 직원을 믿고 권한을 위임하라

리더가 모든 업무를 독식하는 조직은 결코 이상적이지 못하다. 훌륭한 관리자는 인재를 발굴해, 독자적으로 업무를 수행하도록 믿고 맡겨주는 사람이다.

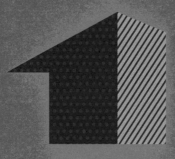

눈덩이 효과

해야 할 일을 선별하지 않으면
불어난 일에 잡아먹힌다

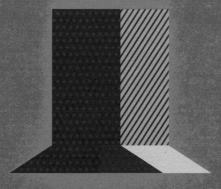

작은 일을 마다하면 큰일도 해낼 수 없다

상하이上海의 명문대인 푸단대학교를 졸업한 쩡 씨는 미간을 찌푸리며 불만을 토로했다.

"우리 젊은 세대는 기성세대의 꽁무니를 쫓아가고 싶은 생각이 없습니다. 억지로 미소를 지은 채 종일 사람들을 상대하고 고객들의 어처구니없는 불평불만을 묵묵히 참고 견디는 일은 생각만 해도 지긋지긋해요. 나는 내 실력을 입증할 핵심 프로젝트에 투입되고 싶단 말입니다."

그의 주장은 충분히 일리가 있다. 그런데 과연 쩡 씨에게 비중 있는 업무를 제대로 완결할 능력이 있을까? 이것은 의지와는 별개의 문제다. 그럼에도 불구하고 대부분의 직장인들은 자신의 업무에 대해서 거침없는 욕구를 드러낸다.

"이런 업무는 더 이상 하고 싶지 않아요. 대신 중요한 업무를 맡겨주세요. 기왕이면 핵심 부서로 옮기고 싶습니다."

 쩡 씨처럼 대학을 졸업하고 사회에 첫 발을 내딛는 사회 초년생들이 흔히 갖는 환상이 있다. 취업과 동시에 자신의 이상이 모두 실현될 거라는 환상이다. 직장 생활을 시작한 수많은 신입사원들이 가장 쉽게 실망을 느끼는 원인이 바로 여기에 있다. 회사 내의 핵심부서에 배치 받거나 혹은 중대 프로젝트를 맡아서 자신의 능력을 입증하고 싶은 이들의 기대감은 충분히 이해한다. 하지만 현실은 드라마가아니다. 이들이 주로 담당하는 업무는 대부분 사무 보조에 지나지않는 경우가 많다. 서류를 정리하거나 회의 자료를 프린트하거나 우편을 발송하는 등 단순한 업무 일색이다. 이는 겉으로 보기에도 별다른 전문성이 돋보이는 업무는 아니다.

 새내기 직장인들은 자신이 사소한 잡무에 치여 기계적으로 소모된다고 느끼며 심지어 회사가 인재를 푸대접한다고 여긴다. 책상마다 칸막이로 가로막힌 사무실에서 종일토록 서류양식이나 작성하고 온갖 통계 수치나 분석하고 있노라면 회사가 자신의 가치를 몰라주고 있다는 모멸감마저 느낀다.

 이들은 상사가 왜 이처럼 사소한 업무 처리를 맡겼는지 진지하게고민해본 적이 없을 것이다. 첫 직장에서 밑바닥의 사소한 업무부터 단련되지 못한다면 제아무리 출중한 인재라도 이후 중차대한 업무에 투입되었을 때 결코 견디지 못한다. 신입사원 가운데 대다수에게 말단 업무가 주어지는 이유는 이러한 '업무 체력'을 기르기 위해서다. 자신의 공적을 드러내고 실력을 과시하고자 하는 욕구로 가득 찬 신입사원일수록 일을 망칠 가능성이 더욱 크다.

명문대 인재들이
2개월도 못 버티고 퇴사한 이유

베이징北京에서 열린 회의에 참가했을 때 우연히 이런 신문 기사가
눈에 띄었다. 베이징의 명문 대학을 졸업한 석사 이상의 인재들이
첫 직장에 취업하면 어느 기업을 불문하고 말단 업무 과정을 두 달
간 거치게 한다. 회사의 가장 기본적인 프로세스를 익히게 하려는
것이다. 이들이 받는 월급은 약 5,000위안으로, 중국 근로자 월 평
균 임금을 밑돈다.

　결과는 어떨까? 이들 중 과반수는 중도에 사표를 던지고 회사 문
을 박차고 나온다. 이들은 자신의 스펙이라면 적어도 중간 관리자급
의 대우를 받아야 한다고 자부하며, 최소한 7,000위안은 받아야 마
땅하다고 여긴다. 이들은 이런 식으로 자신의 가치를 알아봐줄 새로
운 직장을 전전하느라 반년 이상을 허비하고 난 후에야 비로소 현실
을 직시하게 된다. 하지만 안타깝게도 첫 직장보다 훨씬 나쁜 조건

의 회사에서 가까스로 생계를 이어갈 뿐이다.

능력 있는 신입사원들은 중대 프로젝트의 일원으로 투입되어 하루빨리 명성을 얻고 싶어 하지만, 이보다 중요한 것은 생존 경쟁력을 스스로 시험하고 체력을 단련시키는 일이다. 모든 일에는 이러한 '준비 자세'가 필요하다. 이 시기는 기초적인 생존력을 단련하는 시기로, 중차대한 업무에 곧바로 투입되기 보다는 작은 일에 완벽을 기하는 태도가 요구된다. 겉보기에 사소한 업무를 세심하게 완수하는 것은 미래를 위한 일종의 시뮬레이션 과정이라고 볼 수 있다.

따라서 항상 "작은 일을 마다하는 사람은 큰일도 해낼 수 없다"는 전제를 명심해야 한다. 사유의 폭을 스스로 조절할 수 있는 사람만이 냉혹한 현실에 단단히 뿌리를 내릴 수 있으며 실무를 차근차근 배울 수 있다.

지극히 평범한 회사원이었던 지앙 씨의 사례를 들어 보자. 그는 중국의 첨단 하이테크놀로지 기술 공사의 말단 사원으로 재직하면서 주로 행정 업무를 처리했다. 그에게 주어진 업무는 겉으로 전혀 티가 나지 않는 지루하고 단순한 잡무였다. 업무 성격상 공적을 드러내기 쉽지 않았기에 출세도 보장되지 않았다. 하지만 그는 주위 사람들에게 항상 이렇게 말했다.

"저는 지금의 부서에 아무런 불만이 없어요. 오히려 자부심을 느낍니다."

매일 아침 그는 사무실에 출근하면 커피 한잔 마실 여유도 없이 곧바로 업무에 전념했다. 끊임없이 걸려오는 전화에 응대하는 일과 계속해서 쌓여가는 서류 정리, 기획안을 심사하는 업무 등은 온통 그의 몫이었다. 인쇄기의 복사 용지가 떨어지면 구입 신청서를 작성하고 수많은 사원들의 각종 요청 사항을 접수하여 그들을 대신하여 회사에 청구하는 일도 모두 그가 처리했다. 하지만 하찮다고 미루거나 제때 처리하지 않으면 다른 부서의 업무에 차질을 빚을 수도 있는 일이었다.

퇴근 후 그가 거의 집 앞에 도착했을 무렵, 업무상으로 급한 요청을 받는 경우도 심심찮게 발생했다. 하지만 그는 조금도 귀찮아하는 기색 없이 회사로 복귀하여 늦은 밤까지 업무를 처리했다. 심지어 상사가 휴가 기간에 전화를 걸어와 업무 지원을 요청하는 상황이 벌어지기도 했다. 휴가 중이라고 답할 수도 있었지만, 그는 즉각적인 처리에 힘썼다.

그의 친구들은 이렇게 빈정거렸다.

"이봐. 너는 이제 겨우 이십 대 후반이라고! 출세와는 담 쌓은 한심한 부서에 앞날이 창창한 자네 인생을 모두 바칠 셈이야? 네 정도 실력이라면 핵심부서의 중요한 프로젝트를 맡아서 능력 발휘를 해야 하는 것 아닌가? 왜 하필이면 이렇게 자질구레한 업무에 종일 매달려 있는 거지? 도무지 이해가 가질 않아!"

그때마다 지앙 씨는 빙그레 웃으며 이렇게 말했다.

"지금 하는 업무처럼 작은 업무를 제대로 처리하지 못한다면 나중에 어떻게 큰일을 처리할 수 있겠어?"

그의 사무실을 찾았을 때 가장 먼저 내 눈에 띈 것은 스케줄을 적어 놓은 다이어리였다. 첫 장을 펼치자마자 회사 내 각 부서에서 필요한 사무 용품 목록이 일목요연하게 정리되어 있었고, 다음 장에는 수백 명에 달하는 사원들이 해당 월에 요청한 용무들이 깔끔하게 분류되어 있었다. 때로 담당 업무 이외의 요청을 받는 일도 있었으나, 그는 최선을 다했다.

"사람들은 내게 이처럼 사소한 업무가 무슨 가치가 있냐며 반문합니다. 하지만 저는 업무의 경중에는 별로 개의치 않는 편입니다. 매일 주어진 업무를 처리할 뿐이고 그것으로 충분하다고 생각해요. 사실 남들이 자질구레하다고 여기는 업무를 처리하는 와중에 매번 깊은 깨달음을 얻습니다. 업무의 경중을 떠나서 어떤 일을 제대로 처리하는 것은 결코 쉬운 일이 아니죠. 더구나 어느 부서의 누구에게나 저마다의 고충이 있다는 사실을 알게 됐어요."

업무에 대한 지앙 씨의 생각은 단순명료했다. 회사 전체의 발전과 성장을 위해서라면 사소한 일부터 발 벗고 나서서 해결해야 한다는 것이다. 그는 이러한 각오로 자신이 맡은 업무를 2년간 묵묵히 수행해왔다. 최근에 내가 지앙 씨를 다시 찾았을 때, 회사는 그의 성실한 근무 태도를 높이 사서 그를 부총재직에 임명했다. 파격적인 인사의 주인공이 된 지앙 씨는 명실상부한 사내 서열 2인자로 성장해 있었다. 그의 성공 신화는 개인의 공적에 대한 욕심을 버리고 겸허한 태도로 업무에 충실했던 결과가 아닐까?

워싱턴의 한 강연장에서 나는 중국의 유명한 배우 쉬싼둬의 사례를 언급한 적이 있다. 데뷔 초기, 그의 존재를 알아주는 이는 아무도 없었다. 그러나 지금 쉬싼둬는 온 국민이 다 아는 국민 배우가 되었다. 무명 배우에 지나지 않았던 그가 이처럼 성장할 수 있었던 배경은 무엇일까?

간단하다. 그 역시 하찮은 배역일지라도 주어진 역할에 최선을 다했으며, 매사에 최선의 노력을 다했다. 언젠가 큰 배역을 맡기 위해 밑바닥에서부터 차근차근 기반을 다져나갔다. 결국 유명해질 수 있는 기회가 왔을 때 그는 두려움 없이 덥석 기회를 잡을 수 있었다.

일의 삼진 아웃 원칙

기업 컨설팅을 하면서 20만 건에 달하는 북미와 아시아 기업의 사례를 종합해본 결과, 나는 일의 '삼진 아웃' 원칙을 제안하게 되었다. 이 원칙은 '어떤 일을 포기할 것인가?'에 관한 문제다.

당신이 추진해오던 업무가 연속으로 세 번 이상 실패했다면, 과감히 손을 떼고 물러나라는 신호로 받아들여도 좋다. 물론 강렬한 의지가 업무를 성공시키는 추진력으로 작동할 수도 있지만, 당신의 예상과 다른 결과를 얻거나 회사의 방침에 불복종하는 등 원치 않은 대가를 치러야 할 수도 있다.

노력을 기울였음에도 당신이 어떤 일을 제대로 파악하지 못했다면, 그 일에 대해서도 다시 한 번 생각해보는 것이 좋다. 일을 제대로 파악하지 않은 채로 진행한다면 이것은 언제 폭발할지 모를 폭탄을 쥐고 있는 것과 같기 때문이다. 당신이 품고 있던 폭탄이 폭발하는 순간, 다른 사람들도 피해를 입게 된다.

아래의 지침을 참고해, 당신이 맡은 일이 자신에게 적합한지 점검해보고, 적합하지 않다면 담당자를 교체하거나 일을 분배할 것을 권한다.

1. 능력의 한계치를 고려하라

당신의 현재 할 수 있는 범위 내에 있는 일을 하라.

2. 노력으로 극복이 가능한 일을 하라

난이도를 적당히 조정하여 실무 능력에서 크게 벗어나지 않는 범위 내에서 시도하라.

3. 정시에 끝낼 수 있는 일을 하라

단기간 내에 너무 많은 일을 하려고 과욕을 부려서는 안 된다. 정해진 기간 안에 마감할 수 없다면 되도록 피하는 것이 좋다.

4. 능력이 따라주지 않을 때는 목표를 하향 조정하라

목표가 너무 높다고 느꼈다면 즉시 목표를 수정하라. 목표의 난이도를 낮추고 절대 전진을 고집해서는 안 된다.

이외에도 당신이 하고 있는 일이 다음의 4가지에 해당된다면 과감히 포기하라.

1. 성장에 도움이 되지 않는 일

어떤 일은 당신을 크게 성가시게 하지 않고, 복잡하지도 않지만 늘 주변을 따라다닌다. 컴퓨터 게임이나 회식 등이 그렇다. 하지만 이런 일들은 당신의 성장에 큰 도움이 되지 않는 경우가 많다.

성장에 도움이 되지 않는다고 판단되는 일은 과감히 정리하라. 퇴근 후 주점에서 잡담으로 저녁 시간을 흘려보내거나, 아무런 목적 없이 윈도우 쇼핑을 한다거나, 소파에 늘어진 채로 스마트폰을 만지작거리며 게임에 몰두하는 일을 통해서 우리가 얻는 것이 있는가?

사람은 나이를 먹고 성장하면서 오래 방치된 물품을 정리하듯이 체념해야 할 것들이 생긴다. 인생의 성장 과정에서 미래의 성장과 무관한 것들로 시간을 허비하지 않도록 유의해야 한다. 이 시간을 절약하여 더욱 가치 있는 일에 투자하라.

2. 건강을 해치는 일

어떤 일이 현재 당신의 건강을 해치고 있다면 계속할 이유가 없다. 더구나 이상의 실현과 무관하거나 목표 의식이 결여된 일인 경우에는 당장 중단하는 것이 좋다. 건강이야말로 평생을 살아가는 동안 우리가 지켜야 할 가장 큰 자산이기 때문이다.

건강의 적신호를 부르는 일은 이유를 막론하고 당장 그만 두라. 흡연이나 음주, 과식이나 유해 식품 섭취 등은 건강을 해치는 나쁜 습관이다. 우울이나 분노, 투기와 같은 기분에도 오래 매몰되어 있지 않도록 하라. 이러한 정서는 업무의 추진력을 저해하며, 어떤 문제의 해결도 돕지 않고 오로지 우리를 잠식해나갈 뿐이다.

3. 투자한 시간에 비하여 효율이 적은 일

완벽하게 처리하기 위해서는 엄청나게 많은 시간을 투자해야 하는 일이 있다. 하지만 그 일을 통해 실제로 당신이 얻은 수확은 보잘것없을 수도 있다. 많은 시간을 투자하지만 정작 그 효과는 미미한 일들은 그야말로 시간 낭비일 뿐이다.

나는 스케줄을 작성하여 시간을 운용하는 습관의 중요성을 강조해왔다. 이러한 사소한 습관이 업무나 일상의 자질구레한 일을 효율적으로 처리하는 데 기여하는 역할은 상상을 초월한다. 시간을 관리하다 보면 효율적인 결과와 거리가 먼 일들이 무엇인지 확연히 드러나므로 시간을 허비하지 않게 한다. 그밖에도 약속에 늦거나 제멋대로 회의를 취소하는 일 등이 초래하는 부정적인 에너지의 발생을 되도록 방지해준다.

4. 집중력을 흩트리는 잡다한 일

지금 당장 해치우지 않으면 안 될 것처럼 보이지만 사실은 별로 중요하지 않은 일이 있다. '해도 그만이고 안 해도 그만'이라는 뜻이다. 이런 일에 지나치게 시간을 쏟을 이유가 없다. 예를 들어, 동료 직원의 기안 작성을 돕는 일은 업무가 아니라 우정의 발현일 뿐이다. 만약 동료의 일을 돕느라 정작 당신의 업무에 손을 놓고 있다는 사실을 자각하는 순간, 곧바로 그 일에서 손을 떼고 물러나야 한다. 그리고 당신의 소관이 아닌 업무를 연거푸 요청하는 동료에겐 이렇게 말해야 한다.

"죄송하지만 이번에는 도움을 드리기 곤란합니다."

24시간이 모자란 현대인을 위한 시간 관리법

24시간은 현실이라는 살벌한 밀림에서 유일하게 공평한 숫자다. 인간은 태어나는 순간 똑같이 하루 24시간을 부여받는다. 주어진 시간을 어떤 식으로 관리하는가에 인생의 성패가 달려있다. 성공하는 사람들은 시간을 관리하고 통제하는 능력이 뛰어나다. 반면에 현실에서 도태된 이들의 흔한 실수는 시간이라는 자원을 태만하게 관리한다는 점이다.

현대인의 일상과 업무는 급변하고 있다. 과거와 비교하여 오늘날은 갈수록 시간이 부족해진다. 현대인들은 매 순간 시간이라는 괴물에 쫓기면서 살아간다.

월 스트리트 증권가에서 일하는 한 여성의 불만을 들어보자.

"세상에 저보다 바쁜 사람은 없을걸요? 같은 사무실에서도 신문이나 뒤적거리는 동료가 있는가 하면 저는 도처에서 고객들이 한시도 내버려두질 않아요. 똑같은 시간을 근무하는데 어떤 동료들은 짧은 시간 안에 저보다 훨씬 더 많은 업무를 처리하고 남는 시간에는 여유를 부리죠. 도대체 저는 어디서부터 잘못된 걸까요? 왜 저는 항상 시간에 쫓기면서 발을 동동 굴러야 하는지 모르겠어요."

그는 충분히 노력했다. 다만 그의 문제는 어떤 업무에 어떤 식으로 시간을 안배해야 하는지 모르고 있다는 점이다. 책상 위에 어지럽게 흩어진 일정표와 컴퓨터에 저장된 서류들을 자세히 살펴보면 그의 문제가 어디서부터 시작되었는지 짐작할 수 있다.

해답은 간단했다. 그는 시간을 관리하는 법을 배워야 했다. 이를 위해서는 그 스스로 자신의 하루 일과가 어떤 식으로 흘러가는지 냉철하게 관찰해 보아야 하며, 매 시간마다 일정을 관리해야 하는 이유에 대해서도 충분히 이해해야 했다.

흔히 창의성이 중요한 직업을 가진 사람들에게는 시간 관리보다 번뜩이는 창조적 영감이 필요하다고 생각한다. 하지만 창의성을 발현시키는 데도 시간 관리는 중요한 역할을 한다. 내가 만난 어느 작가는 이렇게 말했다.

"업무 형태를 변화시키면 얼마든지 시간 낭비를 막을 수 있습니다. 예를 들어 업무의 스트레스가 극에 달했을 때 사무실의 구조를 바꿀 수도 있고, 누군가 미워서 견딜 수 없을 때는 마주치지 않도록 잠시 거리를 두는 방법도 있어요. 머릿속이 복잡해서 더 이상 어떤 아이디어도 떠오르지 않을 때는 가볍게 산책을 할 수도 있습니다. 이렇듯 착잡해진 마음이 업무에 영향을 미칠 때면 굳어진 시각을 전환시키는 방식을 통해 시간을 철저히 관리할 수 있다고 봅니다."

작가는 이렇듯 가벼운 마음으로 시간 관리를 시작한 후로 더 이상 자신을 들볶지 않게 되었다고 한다. 몇 개월 후, 작가는 시간을 관리하는 방법을 완전히 이해하게 되었다. 시간을 철저히 안배하고 효율성 높은 계획을 수립한 덕분에 1분도 허투루 보내지 않게 되었다. 오늘 할 일을 모두 처리하고 나니, 다음날 업무도 효율적으로 처리할 수 있게 되었다. 이처럼 외부 환경의 변화를 통해 내면의 변화를 이끌어낼 수 있다. 내면의 변화는 업무 효율성의 변화로 이어진다.

일이 풀리지 않을 때는 사무실 아래층의 카페에 나가서 업무를 처리해보라. 아늑하고 전망이 좋은 창가에 앉아서 전화로 고객들을 응대하면 업무 스트레스가 줄어든다. 많은 직장인들이 이러한 전환을 통해서 복잡했던 머리가 맑아지는 경험을 했으며, 사무실 책상 앞에서 한 시간을 질질 끌었을 업무를 10분 만에 처리하기도 했다. 사무실 책상의 배치를 바꾸거나 벽지의 색상을 바꾸는 일, 공기 청정기를 가동시키는 일 등의 작은 변화도 업무 효율성을 높이는 데 도움이 된다.

우선순위를 매기고 정해진 시간에 끝내라

업무의 효율을 방해하는 요인이 무엇인지도 고민해야 한다. 이러한 요인들은 무의식에 깊이 새겨져 있어, 몸에 밴 습관처럼 쉽게 변하지 않는다. 이러한 습성은 깊은 항아리 속에 똬리를 튼 뱀처럼 당신의 일거수일투족에 나쁜 영향을 미치며 냉철한 상황 판단과 인식을 방해한다.

이러한 문제를 해결하려면 시간을 관리하는 당신의 방식을 알아야 한다. 이때 주의해야 할 점은 다른 사람의 방법을 그대로 흉내 내서는 안 된다는 사실이다. 사람들은 자신만의 방식으로 시간을 지배한다. 따라서 반드시 자신을 위주로 시간을 관리해야 한다.

시간 관리에 서툰 당신이라면 아래의 2가지를 지키는 데서 시작해보라.

1. 시간을 준수하라

"반드시 정해진 기간 안에 끝내야 할 일을 습관적으로 뒤로 미룬 적이 있는가?"

이 질문에 대해서 자신 있게 아니라는 대답을 하지 못한다면 당신의 시간 관리에는 허점이 있다. 사소한 업무라도 정해진 시간에 끝내는 습관이 중요하다. 이것은 사실 어려운 일이 아니다. 인내가 필요한 고통스러운 도전도 아니다. 반드시 해야 할 일을 노트나 스마트폰 등에 기록하라. 미래의 어느 시간, 어느 지점까지 반드시 끝내겠다는 각오를 기록으로 작성하는 일은 업무에 대한 의지를 높이고 전투력을 상승시켜 준다.

2. 시간을 합리적으로 안배하라

어떤 사람은 이러한 불평불만을 입에 달고 산다.

"나는 정말 한눈도 안 팔고 열심히 일합니다. 커피 마시고 화장실 갈 시간조차 쪼개어 업무에 쏟아 붓는데도 왜 항상 결과는 엉망진창인 거죠?"

이러한 문제의 원인은 시간을 효율적으로 활용하지 못한 탓이지, 그가 게으른 탓이 아니다. 이들은 오히려 남들보다 몇 배의 노력을 기울인다. 다만 핵심 업무에 시간을 활용하는 방법을 터득하지 못했기 때문에 항상 업무에 차질을 빚으며, 업무상의 효율이 현저히 떨어지는 것이다.

시간을 적당히 늘리고 줄이며 합리적으로 안배하라. 예를 들어, 집중력과 에너지가 최고조에 달하는 시간에 난이도가 가장 높은 업무를 배치하고, 가장 긴급한 업무를 우선적으로 처리하는 것이다. 사람들의 열정은 에너지처럼 소모된다. 따라서 자투리 시간에는 비중이 낮은 일을 처리할 것을 권한다.

세상에서 가장 무능한 사람은 가난한 사람도 아니고, 목표한 바를 성취하지 못한 사람도 아니다. 시간 관리에 소홀하고 이러한 습관을 개선하지 못하는 사람이다. 현대 사회의 경쟁 체제는 이미 일정 수위를 넘어섰다. 아무리 능력이 좋고 화려한 배경과 황금 인맥을 갖췄다고 해도 시간 관리에 소홀하고 시간 자원을 활용할 줄 모르는 사람은 전쟁터에서 가장 중요한 무기를 사용할 줄 모르는 바보나 다름없다.

일상의 행복을 외면하면 오래 버틸 수 없다

파렐은 말했다.

"나는 평생을 직업인으로서 성실하게 일해왔고, 돈도 벌 만큼 벌었어요. 하지만 전혀 행복하지 않을뿐더러 내가 성공한 인생을 살고 있는 건지 문득 회의가 느껴질 때가 있습니다."

나는 그에게 물었다.

"직업인으로서 성실히 살아왔다는 말의 의미를 제게 설명해주실 수 있습니까?"

파렐은 아이오와주의 작은 도시에서 인테리어 제품을 생산하는 회사를 운영하고 있다. 다행히도 그의 사업은 탄탄대로를 달렸고, 3년 만에 그는 막대한 재산을 모을 수 있었다. 과거에는 중고차를 살 여유조차 없어서 3킬로미터 이상이나 떨어진 상가까지 걸어간 적도 있었다. 하지만 파렐은 이제 별장을 두 채나 소유한 상류사회의 일원이 되었다. 하지만 이를 위해 그가 치른 대가는 만만치 않았다.

"성실히 일한다는 말은 곧 쉬지 않고 일하는 것을 의미하죠. 지난 3년간 나는 하루에 5시간 이상을 자본 적이 없습니다. 지긋지긋한 가난에서 벗어나겠다는 일념 하나로 한눈 한번 팔지 않고 지독하게 버텼습니다. 더 이상은 가난에 찌들어 살고 싶지 않았기에 성공의 기쁨을 맛보려고 발버둥을 쳤어요. 하지만 인생의 목표가 사라진 지금, 나는 전혀 행복을 느낄 수 없고 오히려 공허함을 느낄 뿐입니다."

직업인으로 성실히 살아왔다는 말은 야근을 자처하고 과중한 업무량을 소화해낸다는 것과는 별개의 뜻이다. 나는 일에 대한 파렐의 인식부터 수정할 것을 권유했다.

"일이 당신의 뇌를 온통 잠식하도록 내버려두어서는 안 됩니다. 일은 견뎌내는 것이 아니라 향유하는 것입니다. 물론 생계와 윤택한 삶을 위해서는 반드시 대가와 희생을 치러야 합니다. 하지만 여기에도 조건이 있습니다. 오로지 일만 하고 다른 것은 전혀 돌보지 않는 것은 매우 위험한 태도입니다."

성실하다는 것은 스스로 일의 주체가 되어서 최선을 다하는 자세를 보여주는 것이다. 하지만 휴식을 통해 업무의 즐거움을 향유하는 일을 간과해서는 안 된다. 야근을 밥 먹듯이 하고 최선을 다해서 종일 발로 뛰어도 업무 이외의 일상을 향유할 시간을 낼 수 없다면 이들은 근본적으로 투철한 직업의식을 갖춘 직업인이라고 볼 수 없다. 이런 식의 업무 패턴은 비효율적이며 개인의 건강을 위협하므로 결과적으로 인생을 낭비하는 것과 다를 바 없다.

파렐 역시 다른 것은 돌보지 않고 오로지 돈만을 보고 달려갔다. 자신의 모든 시간을 일하는 데 바쳤지만 자신의 직업에 자부심을 갖거나 업무에서 창의적인 아이디어를 제시하는 데는 실패했다. 파렐은 일을 통해 자신의 인생을 향유하는 법을 배우지 못했으며, 남은 것은 끝도 없는 피로감과 허탈함뿐이었다.

그는 이렇게 덧붙였다.

"퇴근해서 집에 들어가면 그제야 피로가 몰려왔어요. 아이와 눈을 맞추거나 아내와 대화를 나누는 대신에 신발을 벗자마자 침대로 뛰어들어 죽은 듯이 잠만 잤습니다. 한 번도 아이의 숙제를 봐주거나 함께 시간을 보내본 적이 없어요. 일단 잠들면 다음날 아침 5시에 기계처럼 벌떡 일어나 회사로 달려갔습니다."

파렐의 삶은 악몽과 다를 바 없다. 사실 인생은 마라톤처럼 머나먼 여정이다. 기나긴 여정을 지나는 과정에서 많은 것들을 향유하고 누려야만 한다. 따라서 우리는 여유 있는 삶의 태도를 가질 필요가 있다. 업무 스트레스에 자신을 온통 떠맡기지 말라. 미래에 대한 불안감에 초조해 할 필요도 없다. 이런 태도만이 담담하게 현실의 모든 것을 돌파해낼 수 있다. 본인의 일에 최선을 다하면서도 소소한 일상의 행복을 향유할 권리를 누리는 인생이야말로 진정으로 성공한 삶이라 부를 수 있다.

세상은 더 이상 워커홀릭을 원하지 않는다

몇 년 전만 해도 당신이 '워커홀릭' 혹은 '일중독자'라는 이야기를 들었다면 업무에 매우 적극적인 사원이라는 긍정의 평가로 받아들였을 것이다. 미국에서는 눈 뜨자마자 신발이 닳도록 바쁘게 뛰어다니는 열정적인 사람들을 숭배하면서 미국이 오늘날의 경제를 일궈낸 데에는 이들의 열정이 뒷받침되었다고 믿었던 시절이 있었다. 1980~1990년대 한국 역시 퇴근 시간이 훌쩍 넘도록 맹렬히 업무를 향해 돌진하는 사람들이 인정받는 사회였다.

하지만 세상은 변했다. 최근 우리 회사도 '합리적인 업무 태도'에 주목하기 시작했다. 워커홀릭이 반드시 업무의 고효율을 뜻하는 것이 아니라는 의식이 확산되기 시작했기 때문이다. 오히려 워커홀릭의 업무 태도가 심신의 효율을 떨어뜨리고 건강에 적신호를 가져온다는 사실을 여러 실제 사례를 통해 확인하게 된 것이다.

알래스카에서 진행했던 강연에서 나는 이렇게 경고했다.

"만약 당신이 가정보다 업무에 더욱 열정적이라는 자부심을 가지고 있다면, 미안하지만 당신에게 줄 수 있는 충고는 하나뿐입니다. 몇 년 후 당신은 가족과 우정을 잃게 될 것이며 당신의 사업 역시 내리막길을 걷게 될 것입니다."

상당히 오랜 시간동안 사람들은 워커홀릭이라는 단어에 동경을 품어왔다. 업무에 대한 이들의 무한 열정을 높이 평가해왔던 것이다. 하지만 사람들이 흔히 저질렀던 착각 중의 하나는 이런 것이다.

"워커홀릭은 분명 자신의 업무에 최선을 다하는 열정적인 사람들이야. 그렇지 않고서야 어떻게 일에만 매달려서 살 수 있어?"

우리의 첫 인터뷰에 응했던 90% 이상의 사람들이 이런 생각을 가지고 있었다. 하지만 몇 해가 지난 후, 유사한 주제로 진행한 두 번째 인터뷰에서 우리는 새로운 관점을 발견했다. 거리의 행인을 대상으로 무작위 설문 조사를 실시한 결과, 약 70% 이상의 사람들이 워커홀릭에 대하여 부정적인 시각을 드러냈다.

그 원인은 무엇일까? 인터뷰 대상자 중 한 명인 피에르의 이야기는 매우 흥미로웠다.

"회사에서 워커홀릭에 속하는 이들을 관찰한 결과, 이들 대부분이 자신의 업무에 흥미를 전혀 느끼지 못했으며 과중한 업무의 스트레스 탓에 과음을 일삼거나 심각한 우울증에 시달리고 있었습니다.

스트레스는 위험 수준 이상으로 이들을 위협하고 있었으며, 이들은 당장이라도 폭발할 듯했지요. 저는 회사에서 일중독자들을 동료로 삼고 싶은 마음이 사라졌습니다."

당신의 '일중독' 위험 지수는?

워커홀릭의 특징은 다음과 같다. 만약에 다음의 5가지 항목 중 3가지 이상에 해당된다면 안타깝게도 일중독일 가능성이 높다.

1. 업무에서 과도한 경쟁의식을 남발하거나 영웅심에 도취해 있다

자신의 업무에 지나치게 높은 기대치를 부여한다. 다른 사람에게 뒤처지는 것을 용납하지 않고 항상 앞서 나가길 원한다. 1등이 아니면 치욕을 느끼며, 과도한 경쟁 심리로 야망의 덫에 갇혀 있다.

2. 자신에 대한 요구가 높으며, 한 순간도 긴장을 늦추지 않는다

업무 과정에서 이들은 부단히 자신을 재촉한다. 가혹할 정도로 자신을 벼랑 끝으로 모는 경향이 있으며, 물불을 가리지 않고 현실의 목표를 실현해내고 만다.

3. 결과를 중시하는 가치관을 지녔다

인생의 만족도를 가늠하는 잣대는 언제나 업무적 성과뿐이다. 이러한 가치관을 자신의 모든 삶에 관철시키며, 이들에게 이러한 가치관의 전환은 거의 불가능한 일이다.

4. 스케줄은 거의 업무 위주이며, 여유는 찾아볼 수 없다

이들은 가장 적은 시간을 투자하여 최대한 많은 업무를 처리하려고 애쓴다. 화장실을 가거나 커피를 마시는 시간까지 쪼개고 쪼개어 업무에 활용하려는 의욕이 강하며, 이들의 하루 일과에서 휴식은 거의 허락되지 않는다.

5. 늘 극도의 긴장 상태를 유지하며, 퇴근 이후에도 마찬가지다

종일 긴장 상태를 유지하느라 이들의 신경은 팽팽하게 곤두서 있다. 이들은 어떤 상황에도 긴장을 풀지 않는다. 업무 이외의 일에 시간을 허비하는 것을 원치 않으며, 업무지에서 이탈한다는 것은 상상조차 해본 적이 없다.

사실 워커홀릭은 자신의 일을 진정으로 사랑하는 사람이라고 볼 수 없다. 그들 스스로 진정한 일의 즐거움을 거의 얻지 못하기 때문이다. 항상 숨이 턱까지 차오르도록 전력을 다해서 일에 몰두하지만, 쉬는 것에는 익숙지 않다. 이들은 일을 할 때 스스로 완벽주의를 추구하며 자신을 강박으로 몰고 간다.

"저는 매사에 완벽한 일처리를 추구합니다. 그렇지 않으면 제 자신이 무능하다는 생각을 지울 수가 없거든요."

심리적 강박의 지배 아래 만약 문제가 발생하거나 일이 꼬이게 되면 수치심과 초조함에 떨면서도 타인에게 도움을 요청하기를 꺼린다. 당신에게 워커홀릭의 기질이 있다면, 권유하건대 사유의 시각을 조금만 달리 해보라. 그러면 심리적 초조함에서 벗어날 수 있다. 그럴 경우 강제성이 농후했던 업무는 비로소 열정적인 업무로 변할 수 있다. 이처럼 즐거움과 업무의 경계가 사라지는 가운데 배출되는 에너지는 당신으로 하여금 업무의 과정을 즐길 수 있도록 한다.

중요한 것은 실수를 했을 때 다른 사람을 원망하지 않는 태도다. 업무 과정에서 실수와 오류가 발생했을 때도 이를 일종의 묘미로 인식할 필요가 있다. 이러한 돌발 상황은 목표를 수정하거나 오류를 개선하도록 방향을 설정해주는 역할을 하기 때문이다. 결과적으로 돌발 상황은 우리의 업무 능력을 고취시킨다. 아울러, 상사나 동료와의 협업에도 좀 더 신경을 쓰게 된다. 힘을 합쳐 업무를 처리하는 과정에서 당신의 인간관계에 영향을 미치는 긍정적인 이미지를 형성해나갈 수 있다.

그 외에, 오로지 업무에 매몰되어 좀처럼 벗어나지 못하는 사람들이 반드시 알아야 할 법칙이 있다. 모든 일에는 경중과 완급이 존재한다는 사실이다. 절대로 매사에 동일한 기준을 적용해서는 안 되며, 모든 상황에 완벽주의를 기하는 것만이 최선은 아니라는 뜻이다. 일중독자들은 자기 자신을 달달 볶으며 벼랑으로 몰고 가지만, 실상 업무의 효율을 따져 보면 형편없이 낮은 경우가 적지 않음을 주의해야 한다.

일밖에 모르던 사람이 놓친 것

회사의 상반기 결산 회의에서 동료 스미스는 이런 말을 했다.

"일밖에 모르는 사람들 중에는 자신도 모르는 사이에 건강에 이상이 생긴 사람들이 많아요. 올해 상반기에만 벌써 27명이나 병가를 신청했더군요. 대부분의 사유가 건강과 관련된 것이었어요. 업무 성취도나 인사 고과가 아무리 높다고 해도 병을 얻고 나면 결과적으로 헛고생을 한 것과 다르지 않습니다. 직장인들이 병에 걸리는 이유는 대부분 업무 스트레스와 관련된 경우가 대부분이죠. 업무에 대한 왕성한 의욕은 종종 이들을 과도한 몰입 상태로 몰고 가며, 이것은 반드시 개선해야 할 과열 상태입니다. 우리는 결코 제2의 바비가 탄생하는 것을 원치 않습니다."

바비는 리서치 컨설턴트로 우리 회사에서 채용한 직원이었다. 그는 지향하는 바가 남달랐으며 매사에 기울이는 노력이 가상했다. 더구나 매일 15시간 이상을 행인이 붐비는 거리에서 설문 조사지를 나눠주었다. 그리고 수십여 건의 보고서를 일목요연하게 정리하여 통계부에 넘겨주었다. 이러한 업무 성과로 그는 연속 5개월 연속 최고 사원으로 선정되는 영광을 누리기도 했다. 상금 최고액을 자랑하는 최우수 사원에 뽑힌 적도 있다.

하지만 회사에 입사한 지 반 년이 지난 어느 날, 바비의 건강에 이상이 나타났다. 위궤양과 편두통 같은 신체적 이상이 지속적으로 그를 괴롭혔다. 때때로 극심한 현기증이 찾아와 의자에 기대어 몇 초간 진정해야만 겨우 몸을 움직일 수 있을 정도로 점차 증상이 심해졌다. 바비는 이러한 증상을 초기에는 별로 대수롭지 않게 여겼으며 오히려 주변 사람들에게 철저히 숨겨왔다. 그는 끝도 없는 업무에 허덕이느라 끼니를 거르기 일쑤였다. 패스트푸드점에서 인스턴트 음식으로 식사를 하는 날도 점점 늘어갔다. 신선한 야채와 과일을 챙겨 먹는 일에는 거의 신경을 쓰지 않았고, 단순히 허기를 채우는 불균형의 식단으로 끼니를 때웠다. 잠도 터무니없이 부족했다. 옆에서 그를 지켜보던 동료는 이렇게 말했다.

"하루에 겨우 4시간 정도 자는 것 같았어요. 안색은 점점 누렇게 변해갔고, 늘 미간에 식은땀이 맺히곤 했죠."

스미스가 바비의 건강에 문제가 있음을 눈치 챘을 때, 그는 이미 병원에서 처방 받은 약의 강한 독성에 의지하여 하루하루 버텨오고 있었다. 마침내 회사에서 실신할 때까지도 그는 자신의 건강을 돌보지 않았다. 의사는 바비에게 이미 다음과 같은 경고를 했었다.

"지금 당신의 간, 위, 장 기능이 현저히 떨어져 있습니다. 더구나 심장기능마저 문제가 나타나서 무엇보다 휴식이 필요합니다."

장기간 과부하된 업무량은 바비의 면역력을 갈수록 떨어뜨렸고, 각종 질병을 유발시켰다. 그러다 결국 그는 그토록 벗어날 수 없었던 사무실에서 쓰러지고 만 것이다. 이 일을 계기로 우리 회사는 업무 규정을 신속히 개선했다. 전 사원의 휴식 시간이 매주 80시간 이하가 되지 않도록 했다. 이처럼 충분한 휴식 시간을 제공함으로써 제2의 바비와 같은 직원이 발생하지 않도록 했다.

당신 역시 지나친 의욕으로 빡빡한 업무 일정에 자신을 끼워 맞추고 있지 않은가? 만약 그대로 업무를 강행하는 경우에는 건강을 잃게 될 것이 뻔하다. 바비의 사례를 남의 일로 여기고 간과해서는 안 된다. 자신의 업무상 목표를 실현하되, 일중독에 빠지지 않도록 주의해야 한다.

방법을 총동원하여 스트레스를 타파하라

업무 스트레스가 극심하다면 효과적인 방법을 찾아서 해소해야 한다. 하루 일과를 슬기롭게 관리하는 것만으로 업무에 대한 압박감을 줄일 수 있다. 아래는 몇 가지 대표적인 스트레스 해소법이다.

1. 하루를 새롭게 여는 활동을 하라

당신은 출근하기 전에 보통 어떤 신체 활동을 하는가? 본격적인 업무를 개시하기 전에 하는 '준비 운동'이 있는가?

학자들의 연구에 따르면 개개인의 업무 스트레스는 통상적으로 그가 오전에 시작하는 첫 번째 활동과 연관이 있다. 예를 들어, 기상 직후 아침 시간에 가족들과 언쟁을 벌이거나 불평, 잔소리 혹은 업무에 대한 푸념으로 하루를 시작한다면 이날의 업무 스트레스 수치는 전날보다 높아진다. 아침부터 저녁까지 직장인들은 극도의 긴장

감으로 평정심을 잃기 쉽다. 따라서 사소한 오해가 동료와의 말다툼이나 상사에 대한 불만 표출로 이어질 수 있다.

내일 아침부터 당장 '어제와 다른 아침'을 시작하도록 하라. 간단한 아침 체조를 하거나 혹은 10분 정도 명상 시간을 갖는 것이 심신의 안정에 도움이 된다. 체조나 명상을 할 시간이 부족하다면 버스 정류장이나 지하철역까지 가는 길에 신선한 공기를 들이마시라.

마음의 안정과 평화를 얻은 후에 하루 일과를 시작하면 종일 상쾌한 기분을 유지할 수 있다. 매일 아침 새롭게 하루를 여는 훈련을 약 2주간 실천에 옮겨 보면 불안한 정서도 훨씬 안정될 것이다. 복잡한 업무를 처리할 때도 인내심을 발휘하거나 능력의 최대치를 끌어올릴 수 있다.

2. 주변 환경을 개선하라

환경이 쾌적하면 인간의 신체는 활력을 되찾으며 스트레스 지수는 현저히 낮아진다. 물론 신체 건강에도 큰 도움이 된다. 따라서 스트레스가 쌓일 때는 주변 환경부터 점검해볼 필요가 있다. 종일 몸담고 있는 사무실처럼 주로 업무가 이뤄지는 장소를 자세히 살펴보라. 그 후에 주변 환경이 당신의 작업 효율에 어떤 영향을 미쳤는지 스스로 답을 내려야 한다.

우리는 얼마든지 주변 환경을 개선할 수 있다. 우선 사무실 책상

위에 산더미처럼 쌓여 있는 서류 뭉치와 각종 사무용품을 사용 빈도에 맞추어 깔끔하고 합리적으로 수납하고 정리하라. 당신의 사무 환경은 곧 당신의 머릿속을 대변한다.

일정한 시간 간격을 두고 사무실 책상 배치를 바꿔서 새로운 환경을 조정하는 것도 효과적이다. 사무실 벽면에 분위기 좋은 그림을 걸거나 액자를 바꾸는 시도는 사무실 분위기에 생동감을 주고 스트레스 해소에도 좋다. 정서적인 안정감을 우선한다면 의자를 벽에 붙이는 것도 도움이 된다. 신체 중에서 특히 머리를 벽면에 밀착하는 배치는 정서적 안정감을 형성해준다.

그리고 자연광이 들어오는 사무 환경에 신경을 기울이라. 야근이 잦은 직종의 경우, 일광등이 스트레스를 유발한다는 사실을 염두에 두어야 한다. 사람의 신체를 활성화하는 가장 좋은 불빛이 자연광이라는 사실은 의심의 여지가 없다. 다만 자연광만으로는 충분한 명도를 보장하지 못하므로 자연광과 가장 비슷한 명도의 램프를 이용하여 이와 유사한 환경을 조성하는 것이 좋다. 자연광은 시각적 효과는 물론이고 정서의 안정에도 놀라운 효과가 입증된 바 있다.

3. 낮잠은 업무 효율을 높인다

오후에 낮잠을 자면 스트레스 지수가 낮아지고 정서적 안정을 취하는 데 탁월한 효과가 있다. 나는 이를 근거로 수많은 기업에 낮잠을 잘 수 있는 휴게 공간을 마련할 것을 건의해왔다. 매일 오후 짧게 20~30분 정도 휴식을 취하고 나면 업무의 추진력이 높아진다.

4. 휴가를 적절히 이용하라

직장인들 중에는 근본적으로 휴식에 대한 개념 자체가 없는 경우가 종종 있다. 샌프란시스코에서 만난 한 화교는 이렇게 말했다.

"그동안 쌓인 연차를 이용해서 한 달 정도 홍콩에 다녀오고 싶어요. 하지만 '휴가를 마치고 돌아왔을 때 회사에서 내 책상이 사라져 있으면 어쩌나' 하는 불안한 마음에 늘 상상에 그치고 말죠."

오랜 시간에 걸쳐 쌓인 스트레스를 풀기 위해서는 장기간의 휴가가 필요하다. 창의적 아이디어 역시 장기 휴가에서 돌아온 이후에 떠오르는 경우가 적지 않다. 업무에서 당신 자신의 확고한 위치를 공고히 할 수 있는 비결은 적절한 휴가의 활용으로 업무 효율을 높이는 데 있다.

일의 주인이 되는 5가지 방법

❶ 사소한 업무부터 모조리 익히라

하찮은 업무라도 불평하지 말고 깔끔하게 마무리 짓는 연습을 하라. 작은 일을 완벽하게 처리하지 못하면 중대한 일에 투입되었을 때 제대로 해내기 어렵다.

❷ 세 번 실패한 일은 과감히 포기하라

성공할 가능성이 낮은 일을 오랫동안 붙들고 있으면 업무의 효율성을 저해한다. 이외에도 성장에 도움이 되지 않는 일, 건강을 해치는 일, 투자한 시간에 비해 이익이 적은 일, 집중력을 흩트리는 잡다한 일에서 당장 벗어나라.

❸ 업무 시간을 철저히 관리하라

하루 일과를 냉철하게 관찰해보라. 그 후, 업무의 경중에 따라 시간을 안배하라. 이 때 계획한 시간은 반드시 지켜야 한다.

❹ 일상을 향유하라

일에만 매달리는 '워커홀릭'의 업무 방식은 자세히 보면 매우 비효율적이며, 건강을 해치는 방식이다. 가족과 시간을 보내거나 취미 생활을 즐기는 등 일상의 소소한 행복을 누리라. 일상의 행복은 업무 능률 상승과 직결된다.

❺ 나만의 스트레스 해소법을 찾으라

업무 스트레스는 즉각 해소해야 한다. 산책, 음악 감상, 낮잠, 명상, 책상 정리 등 나에게 맞는 스트레스 해소법을 찾아 실행에 옮기라. 장기간 쌓인 스트레스라면 며칠 간 휴가를 내서 기분 전환을 하는 것도 좋다.

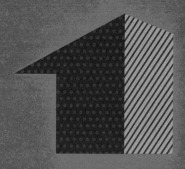

데드라인 효과

1시간을 60분으로 쪼개어 일상을 통제하라

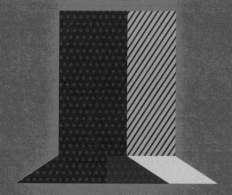

방향이 잘못되면 모든 일이 헛수고

오하이오주에서 가전제품 제조 회사 영업사원으로 일하는 버니스는 최근 몇 년간 자신의 업무에 회의를 느끼고 있었다. 버니스를 가장 곤혹스럽게 만드는 것은 스스로 자신의 일을 전혀 사랑할 수 없다는 것이었다. 그는 자신이 현재의 직업을 선택한 것이 인생 최대의 실수라고 여겼다.

하지만 아이러니하게도 그의 업무 능력은 타의 추종을 불허할 만큼 탁월했다. 불모지에 가까웠던 해외 판로를 개척해, 100여 개의 거래처를 관리하는 그는 누가 봐도 성공한 영업사원이었다. 회사의 기대를 한 몸에 받고 있었으며, 고위 관리자로의 승진도 앞두고 있었지만, 일에 대한 만족감은 턱없이 낮았다.

버니스의 사례는 인생의 '포지션' 설정이 얼마나 중요한지를 일깨워준다. 포지션이란 외부에 비춰지는 인식이나 이미지를 뜻하지만,

개개인이 추구하는 인생의 방향을 가리키기도 한다. 끝도 없는 망망대해에서 죽을힘을 다해 헤엄쳐봤자, 방향이 잘못되었다면 결코 항로에 닿을 수 없다. 인생 포지션 설정에 신중을 기해야만 미래를 예견하는 정확한 비전을 세울 수 있다.

지금 가려는 길은 과연 당신이 진정 원하는 길인가? 스스로 명확히 대답할 수 없다면, 고민이 필요하다.

인생의 포지션을 찾아주는 7가지 기준

"사장은 왜 항상 나를 기대치에 비해 능력이 따라주지 않는다고 비난하는 걸까?"

"고객들은 왜 항상 내가 처리하는 업무에 불만을 제기할까?"

"상사는 왜 내 능력에 맞지 않는 자질구레한 일만 시킬까?"

"명문대 출신에다가 이만하면 스펙도 화려한데 왜 대기업에서 나를 몰라주는 걸까?"

당신의 입에서 혹시 이러한 의문이 쏟아져 나오는가? 실력은 충분히 갖췄는데 아무도 기회를 주지 않는다고 생각하는가? 그렇다면 당신은 지금 질주를 멈춰야 한다. 우선 차분히 마음을 가라앉히고 자신의 포지션 설정이 제대로 되었는지부터 점검해야 한다.

아래는 인생의 포지션을 설정하는 데 도움을 줄 7가지 기준이다.

1. 성격

· 당신은 외향적이고 활동적인 사람인가, 정적이고 내성적인 사람인가?

성격과 맞지 않는 직업을 택할 경우, 난관에 부딪히기 쉽다. 자신의 성격을 정확히 파악하는 일은 인생의 포지션을 설정하는 첫 단추다. 활동적인 성격을 지닌 사람들이 갑갑한 사무실에 앉아서 하루 종일 통계 수치나 컴퓨터 화면만 들여다보고 있으면 업무의 효율은 낮아진다. 반대로 소심하고 내성적인 성격의 사람이 여러 사람을 대상으로 영업을 하거나, 중요한 협상 자리에 나가 이야기하는 직업을 갖는다면 업무 수행에 어려움을 겪을 가능성이 높다.

2. 적성

· 숫자나 데이터를 다루는 일을 좋아하는가, 문화와 예술 영역을 자유롭게 즐기는 것을 좋아하는가?

· 창조적인 일이 적성에 맞는가, 질서와 규율을 준수하는 일이 더 맞는가?

사람들은 누구나 저마다의 독특한 개성이 있다. 만약 자신이 좋아하는 일을 평생 직업으로 삼을 수 있다면 평생 그 분야에 종사하는 직업인으로서 행복한 일이 아닐 수 없다.

3. 지식

· 당신은 학교에서 어떤 분야를 공부했는가?

· 전문적인 직업인으로서 해박한 지식을 갖췄는가?

지식은 자신의 이상과 야망을 현실로 만들어준다. 전문가 수준의 지식을 필요로 하는 분야에 용기만으로 도전장을 내밀 수는 없다. 당신이 축적한 지식의 정도에 맞추어 장래의 직업을 결정하라.

4. 경험

· 어떤 유년 시절을 보냈는가?

· 청소년 시기에 겪었던 일 중 독특한 경험이 있는가?

· 대학 시절에 겪었던 좌절 가운데 기억에 남은 것은 무엇인가?

· 인생의 경험을 통해 무엇을 깨달았는가?

살면서 얻은 경험을 통해 자신의 특기를 발견하라. 경험은 인생의 정확한 항로를 정하는 데 결정적인 자원이 된다.

5. 가정환경

· 당신의 가족은 어떤 가치관을 지니고 있는가?

· 당신은 집안의 어떤 분위기에 영향을 받았는가?

· 당신 가정의 경제 상황은 어떤가?

가정환경이 한 사람의 세계관, 가치관, 미래의 직업 선택에 미치는 영향은 적지 않다. 청소년기 이후 우리의 잠재의식에는 이미 가족의 가치관이 깊숙이 침투해 있다.

6. 트렌드

· 요즘 대중들의 관심사는 무엇인가?

· 요즘 유명한 인물은 어느 분야의 사람인가?

· 오늘날의 유망 직종에는 어떤 것들이 있는가?

우리 모두는 한 사회의 구성원이다. 따라서 사회의 트렌드는 포지션 설정에 영향을 미친다. 요즘 인기 있는 직업을 살펴보아야 하는 이유도 이것이다. 이때, 경계해야 할 것이 있다. 사회 심리학에서 말하는 '동조 효과'다. 동조 효과란 집단의 영향으로 개인이 자신의 태도를 바꾸는 현상을 의미한다. 동조 효과에 따라 사회적으로 유망하다고 알려진 직업에는 당신 말고도 많은 사람들이 몰리게 된다.

7. 주위 사람의 견해

· 항상 타인과 의견을 교류하는 편인가?

· 당신의 의견에 지대한 영향을 미치는 사람이 있는가?

· 중요한 결정을 내려야하는 순간, 다른 사람의 의견을 참고하는가?

'천하의 대장부도 세 사람의 의견을 들어봐야 한다'는 중국 속담이 있다. 타인의 의견을 경청하는 태도의 중요성을 강조하는 말이다. 사람들은 흔히 자신의 미래 포지션을 결정할 때 친구나 주변 인물의 이야기에 귀를 기울인다. 이직을 하고 싶을 때, 갈등 상황을 해결하고 싶을 때 등 인생의 수많은 선택과 갈림길 앞에서 사람들은 타인의 조언이나 충고를 기대하거나 자신에게 새로운 제안을 해줄 사람을 필요로 한다. 그리고 타인의 의견은 최종적인 결정을 하는 데 도움이 된다. 다만 타인의 생각과 주관이 당신의 온전한 사고를 흐트러트리지 않도록 주의해야 한다. 질문하는 사람에게 뚜렷한 주관이 없을 경우, 타인의 조언은 판단력을 흐리게 할 뿐만 아니라 잘못된 결정을 초래할 수도 있기 때문이다.

결국 인생은 당신 자신의 판단으로 결정해야 한다. 타인의 이정표를 자신의 여정에 그대로 적용하는 일은 위험을 초래한다는 사실을 잊지 말라.

인생의 큰 그림을 그리라

"나는 누구일까?"

"내가 하고 싶은 것은 무엇일까?"

"내 인생의 목표는 무엇일까?"

"어떻게 나를 성장시킬 수 있을까?"

앞의 물음들은 우리 내면의 자아와 깊은 연관이 있다.

인생의 가장 화려한 시기인 20대 시절, 스미스는 거의 5년에 가까운 시간을 허비했다. 그때는 키를 훌쩍 넘는 옥수수밭 한가운데서 길 잃은 아이처럼 막막한 기분이었다고 한다.

"앞으로 무엇을 하며 살아가야할지 도무지 감을 잡을 수가 없었죠. 인생의 포지션이 없으니 당연한 결과였겠죠. 잘 나가는 친구들을 볼 때면 '이렇게 한심한 들러리로 살아갈 거면 대체 무엇 때문에 이 세상에 태어났을까?' 하는 극심한 자괴감에 빠져들곤 했어요. 나 자신에 대한 자존감이 형편없이 낮았었죠."

그는 계속해서 이야기를 이어나갔다.

"하지만 돌이켜보면 20대 시절에 누구나 한번쯤은 이런 혼란을 겪죠."

대학교 졸업 후에도 스미스는 인생의 포지션을 세우지 못한 채 몇 년을 흘려보냈다. 그의 꿈은 밴드를 결성하는 것이었으나, 꿈을 실현하기 위한 계획을 종이 위에 옮겨 적다가도 곧바로 쓰레기통으로 던져버리기를 반복했다. 그 후 스미스는 엉뚱하게도 축구 클럽의 경영권을 사들이는 비즈니스에 손을 댔지만, 이 거창한 비즈니스를 구상한 기간은 채 6개월도 되지 않았다. 그 역시도 비즈니스가 실질적으로 성공할 가능성은 높지 않다고 생각하고 있었다. 당시 그가 가진 돈은 고작 3만 달러뿐이었는데, 3만 달러는 실력 있는 골키퍼 한 명을 영입하기에도 턱없이 부족한 금액이었기 때문이다.

"하지만 나는 행운아였어요. 스물여섯 살 생일 무렵, 드디어 마음이 맞는 친구를 만나 의기투합하게 되었고, 마침내 홍보 컨설팅이라는 흥미진진한 여정을 시작하게 되었죠. 나는 그제야 이 일을 정말로 좋아한다는 사실을 깨달았고, 내 인생의 포지션을 설정하게 되었어요. 미로 같은 옥수수 덤불에서 헤매던 꼬마 아이가 성공의 대로를 향해 달려가기 시작한 거죠."

스미스는 혼자 발버둥 치며 고민했던 몇 해가 사실은 인생의 포지션을 모색하는 준비 기간이었다고 말했다.

당신도 젊은 날의 스미스처럼 방황하고 있진 않은가? 그렇다면 스스로에게 아래의 질문을 던져보라.

- 내가 하고 싶은 것은 무엇인가?
- 내가 할 수 있는 것은 무엇인가?
- 내가 해야만 하는 것은 무엇인가?

아래의 질문에 답하며 인생의 포지션을 세웠다면, 바람직한 포지션의 2가지 조건을 되짚어보자. 당신이 세운 포지션은 바람직한가?

1. 구체적이어야 한다

포지션을 명확하게 설정해야 당신 안에 잠재된 능력을 끌어낼 수 있다. 명확한 포지션 설정은 포탄을 정확히 조준하는 일에 비유할 수 있다. 당신은 대포처럼 엄청난 위력을 지녔다. 하지만 나아갈 방향이 정확히 조준되지 않았을 경우, 그 위력은 미미할 수밖에 없다.

사례를 하나 들어보자. 기업 홍보 컨설팅에 관심을 보이는 청년이 있었다.

"기업의 이미지를 만들어내는 일은 상상만 해도 짜릿해요."

하지만 구체적으로 어느 분야의 홍보 컨설팅을 맡고 싶은지 묻자, 그는 답하지 못했다. 그가 홍보 컨설턴트로 성장하려면 이 질문에 명확히 답할 수 있어야 한다.

2. 목표치는 항상 기준보다 높게 잡아야 한다

바람직한 목표를 설정하려면 현실에 안주하지 말아야 하며, 진취적인 태도를 지녀야 한다. 저 높은 곳의 목표를 향해 끝없이 기어오르고 미끄러지는 일을 반복한다고 해도 결코 안락한 현실과 타협해서는 안 된다. 남들보다 높은 목표치를 설정하는 사람은 자신에 대한 기대치가 높다. 성장하기 위해서는 어제의 나를 뛰어넘겠다는 의지가 있어야 한다. 비록 한 걸음일지라도 과거의 나와 결별하려는 태도가 중요하다.

인생의 포지션 설정이라는 관문을 넘고 나면 세부 계획 수립이라는 다음 단계가 기다리고 있다. 세부 계획이 세워졌을 때, 인생의 포지션은 비로소 실현 가능한 목표로 탈바꿈하게 된다.

포드 자동차를 탄생시킨 '디테일'의 힘

1903년, 헨리 포드는 자본금 10만 달러로 포드 자동차를 설립했다. 자동차 회사 설립 전, 포드는 천재 엔지니어였다. 포드가 엔지니어는 경영자로 성공할 수 없다는 선입견을 깨고 성공한 비결은 철저한 업무 계획이다.

포드의 목표는 자동차의 대중화였다. 당시 자동차는 값이 비싸 부자들의 전유물로 여겨졌다. 자동차 가격을 낮추려면 노동자 개개인의 생산성을 높여야 했다. 그는 세계 최초로 컨베이어 벨트 조립 라인을 도입해 공정을 자동화하겠다는 계획을 세웠고, 즉시 실천했다. 그 결과, 자동차 부품 조립 시간이 12시간 30분에서 2시간 40분으로 대폭 단축되었다. 노동 생산성의 향상은 원가절감으로 이어졌고, 그의 목표는 현실이 되었다.

포드는 이렇게 설명했다.

"나는 어떤 일이든 하기 전에 디테일한 항목의 계획을 미리 구상합니다. 그렇지 않으면 예상치 못한 일들이 발생했을 경우, 허둥대며 수정에 수정을 거듭해야 하니까요. 낭비하는 시간을 줄여야 성공적으로 일을 마무리 지을 수 있습니다."

포드의 말은 세부 계획의 수립이 얼마나 중요한지를 단적으로 보여준다. 그는 철저한 계획주의자이자, 시간 관리의 능력자였다. 그의 모든 업무는 계획에서 출발했고, 성공적인 계획은 세계적인 자동차 기업을 탄생시켰다. 그의 사례는 철저한 계획을 통해 적은 자본으로도 충분히 큰 성공을 일궈낼 수 있다는 희망을 주었다.

계획만 잘 세워도 성공은 떼어 놓은 당상이다

워싱턴의 한 기업에 재직하는 실력자가 나에게 물었다.

"성공이란 대체 뭘까요? 난 성공이라는 말의 의미를 도통 모르겠어요. 대체 어떻게 하면 성공할 수 있는 거죠?"

그의 질문에 대한 나의 대답은 간단했다.

"제대로 된 계획을 세우는 법을 알게 된다면 성공의 문턱에 서 있는 것과 다를 바 없어요."

모든 일은 계획에서 출발한다. 계획만 철저히 세워도 절반은 성공한 것이나 다름없다. 계획을 성공적으로 수립했다는 의미는 당신의 방향 설정이 명확하다는 뜻이기 때문이다.

기업 경영을 연구하는 학자들은 계획, 조직, 지휘, 협조, 제어의 5가지 요소에 관해 주목해왔다.

오늘날에도 기업 경영 관련 서적을 펼치면 5가지 요소에 관한 내용을 쉽게 찾아볼 수 있다. 이 중 가장 중요한 요소는 바로 계획이다. 세부적인 계획을 수립한 후에 비로소 조직과 조직 인력, 재력, 정보, 지식 등에 관해 언급할 수 있다. 그 후에 지도자의 리더십과 협조, 제어 능력이 추가되어 성공적인 결과를 가져오는 것이다.

기업의 경영자가 아니라도 업무의 성과를 내고 싶다면 우선 세부적인 계획을 세워야 한다. 세세한 계획을 세우지 않은 상황에서 업무의 결과는 미진할 수밖에 없다. 아무리 스펙이 좋고 경력이 화려한 직장인이라도 업무 계획이 완벽히 수립되어 있지 않다면 예외 없이 파멸에 이를 수 있다. 성공적인 계획을 토대로 진행되는 업무는 질서정연하고 합리적이다. 잘 짜인 계획이 가져오는 성과물은 기대 이상인 경우가 많다.

틀에 박힌 계획이 꼭 필요할까?

1998년부터 2년 동안 중국 기업의 컨설팅을 주로 담당했다. 내가
만난 어느 중국 기업의 관리자는 아래로 8~10명의 사원을 두고 있
었는데, 그의 회사는 작은 조직임에도 불필요한 업무 과정이 지나치
게 많았다. 그가 생각하는 관리자의 역할은 직원에 대한 감시와 감
독, 질책과 상벌 제도의 시행뿐이었다. 그와 이야기를 나눈 후, 나는
이런 결론을 내렸다.

"사장부터 말단 직원까지 어떤 아이디어가 떠오르면 즉흥적으로
그때그때 처리한다. 이것은 계획적 시스템과는 거리가 멀다. 체계적
시스템이 갖추어져 있지 않은 기업은 미세한 사회 변화에도 쉽게 도
산할 수밖에 없다. 이들은 불확실한 미래를 대비하지 못하고 있으
며, 기업의 대외적인 이미지 형성에도 관심을 보이지 않았다."

만약 당신이 이러한 기업에서 업무를 진행한다면 용두사미 격이

되거나 업무의 진척이 거의 이뤄지지 않는 상황을 되풀이하게 된다.

내가 미국에서 만났던 인재들은 중국의 인재들과 사뭇 달랐다. 그들은 창의적인 아이디어로 무장한 천재들이었다. 아무도 그들의 업무 능력을 의심하지 않았고, 그들이 엄청난 활약을 할 거라는 기대가 매우 컸다. 하지만 놀랍게도 창의적인 아이디어를 집행 가능한 서면 계획서로 작성해달라고 요청하면 그들은 하나같이 난색을 표했다. 심지어 노골적으로 불만을 토로하는 사람도 있었다.

"대체 무엇 때문에 이렇게 성가신 계획서를 제출하고 틀에 박힌 양식을 작성해야 하죠? 일이 닥쳤을 때 아이디어가 떠오르는 대로 업무를 처리하면 안 되나요?"

다른 이는 이렇게 호소했다.

"저를 자유롭게 내버려두세요. 이게 제 천성이거든요. 창의적인 아이디어는 자유로움에서 나오죠. 계획을 세워 일하는 방식은 저와 맞지 않아요. 저는 무언가에 구속되는 것을 견디지 못하거든요."

그들을 긍정적 시각으로 보면 자유롭고 풍부한 감성의 소유자라고 말할 수 있겠지만, 그들의 생각에는 무책임한 면이 있음을 부인할 수 없을 것이다.

단 1분 1초도 가볍게 여기지 말라

계획을 세우는 시간이 아까운가? 그 시간은 충분히 투자할 가치가 있다. 계획을 통해 자신의 업무 능력을 최고조로 끌어올릴 수 있기 때문이다. 계획을 세우는 연습을 거듭하면 효율성이 높은 계획을 세울 수 있고, 계획을 관리하는 능력도 키우게 된다. 계획이 실행에 옮겨지는 과정을 통해 불확실한 미래를 대비할 수도 있다. 동료 벤은 이렇게 강조했다.

"얼마나 열심히 발로 뛰었는가? 이전에 얼마나 세밀한 업무 계획을 세웠는가? 이 2가지가 업무상 효율을 결정한다."

벤은 미국 필라델피아의 한 컨설팅 기업에서 부총재로 근무한 경력이 있다. 처음 출근하던 날, 그는 오전 7시 이전에 사무실에 도착했다. 사무실에 도착하자마자 그는 약 15분간 밤새 쌓인 업무 메일을 확인했다. 그 다음 1주일, 1개월, 1년 주기로 자신이 처리할 업무의 우선순위를 정했으며, 각각의 업무에 대해 어떤 조치를 취해야 할지도 결정했다. 그리고 그날 집중적으로 처리할 업무를 정한 후에 세부적인 사항을 서면으로 기록했다. 외부 관계자와의 미팅에서 전달해야 할 내용도 일일이 확인했다.

모든 업무의 준비를 마치고 나면 시계는 대략 8시 10분을 가리켰다. 그는 빌딩 안의 구내식당에서 간단한 아침식사를 마친 후, 커피를 마시면서 머릿속으로는 끊임없이 업무의 구상을 확장시켜나갔다. 가령, 미팅에서 여러 문제 중 어떤 문제를 핵심으로 토의할 것인지 정리했다. 이처럼 벤은 모든 업무 상 빈틈을 보이지 않는 철두철미한 계획주의자다. 그는 항상 모든 일을 주도면밀하게 처리하며 완벽한 계획을 세운 후에 실행에 옮겼다.

이 기업에서 일한 지 2년이 지났을 무렵, 벤은 회사의 모든 행정과 실무를 효율적인 방식으로 개혁했다. 그 결과, 회사의 영업 이윤은 전년도 대비 32%나 늘었다. 나는 그의 행보를 지켜보며 그에게 사업을 함께하자고 제안했다. 나와의 논의가 진행되던 중, 그는 자신의 관점을 이렇게 피력했다.

"나는 계획을 세우지 않고 기업을 경영한 CEO 중 업무상의 성과를 얻은 인물을 한 번도 본 적이 없습니다. 세상 사람들은 성공을 거둔 이들의 결과물만을 보고 부러움과 질투 어린 시선을 보내지만, 보이지 않는 곳에서 그들이 얼마나 철두철미하게 준비하고 계획했는지에는 아무도 관심을 갖지 않습니다. 그들이 성공한 이유는 천부적인 재능을 타고났거나 화려한 배경을 가져서가 아닙니다. 그들은 단지 계획을 세워 미래를 예견하고 업무의 규정을 마련하는 데 타의 추종을 불허하는 능력을 지닌 사람들입니다. 성공을 꿈꾸는 사람들이 바로 이 사실을 간과한다는 점이 안타깝습니다."

계획은 당신과 이미 먼 얘기라고 생각하는가? 지금도 늦지 않았다. 하루 24시간을 충분히 활용하고 1분도 가볍게 여기지 말라. 가장 경계해야 할 것은 충동적이고 즉흥적인 일처리 습관이다. 계획하는 습관이 몸에 배면 업무의 질서가 잡히고, 시간을 효율적으로 관리할 수 있게 된다. 퇴근 후의 피로감도 줄어들 것은 물론이다.

'계획 파괴자'를 자처하지 말라

업무를 더 이상 계획한대로 처리할 수 없다고 느낄 때, 사람들은 '계획 파괴자'가 된다. 그들이 계획 파괴자가 되는 이유는 계획한 목표치가 지나치게 높다거나, 업무량이 과중해서가 아니다. 결정적으로 계획을 실행에 옮기는 군건한 의지가 부족해서다.

2년 전에 만났던 마크는 계획안을 염두에 두지 않고 일을 처리하는 성향을 지녔다. 평소, 그는 입만 열면 습관처럼 이렇게 말하곤 했다.

"나 이제 일해야 돼. 해야 할 일이 얼마나 많은지 알아?"

친구들은 그의 초조감과 조바심을 익히 알고 있었다. 때론 누군가 먼저 선수를 치며 이렇게 되받아치곤 했다.

"이봐. 어서 가서 일이나 해! 너랑 같이 있으면 나까지 강박증에 걸릴 것 같아."

그는 해야 할 일을 언제나 제때에 끝내지 못했다. 중요한 일을 몇 달 동안 질질 끌다가 끝내 두 손 들고 포기한 적도 많았다. 그럼에도 불구하고 마크는 구체적인 계획을 세우려는 노력을 전혀 기울이지 않았다. 매일 아침, 그 날 처리해야 할 업무를 세세히 계획한 후에 실천에 옮겼다면 그는 분명 정해진 기한 내에 업무를 마칠 수 있었을 것이다. 해야 할 일에 둘러싸여 지낼 일도 물론 없었을 것이다.

해야 할 일은 우선순위를 정해 차례대로 진행하라. 하루의 일과표를 작성하고 매시간마다 할당된 업무를 분할하면 계획대로 업무를 처리하는 데 도움이 된다. 업무량이 지나치게 많아 시간이 부족할 경우, 상대적으로 덜 중요한 업무는 가차 없이 덜어내는 결단력도 필요하다.

1시간 안에 끝낼 수 있는 업무는 반드시 1시간 내에 끝내는 연습을 하라. 단, 일을 끝낸 후에는 10분 정도 여유를 두고 다른 일을 시작하면 좋다.

미국의 32대 대통령 프랭클린 루스벨트는 계획 수립과 시간 관리를 가장 우선순위에 두었던 대표적인 인물이다. 그는 하루동안 처리해야 할 일을 빠짐없이 기록하였고, 정해진 시간 내에 업무를 끝내는 것을 철칙으로 삼았다. 이런 원칙을 내세우다 보니 계획한 업무는 모두 차질 없이 진행되었다.

루스벨트의 공식 일정표만 봐도 이러한 사실을 직접 확인할 수 있다. 그의 일정표에는 오전 9시, 부인과의 백악관 정원 산책을 시작으로 외부 방문객과의 저녁 만찬 약속에 이르기까지 하루 24시간의 공식 일정이 빽빽하게 채워져 있다. 빡빡한 일정에도 그는 조바심에 허둥대거나 나태하게 빈둥거리는 일 없이 잠자리에 들기 전까지 모든 시간을 성공적으로 관리했다. 정해진 일을 정해진 시간 내에 끝내는 습관이 몸에 밴 탓이었다. 이런 습관은 그의 체력은 물론이고 정신 건강에도 긍정적인 영향을 미쳤다.

매일 아침에 하루의 계획을 세우라

계획을 주제로 강연을 할 당시, 내가 사람들에게 첫 번째로 권유했던 사항은 매일 아침 '일일 계획표'를 작성하라는 것이었다.

"매일 아침 눈을 뜨면 그 날 해야 할 일을 떠올려보세요. 이 습관이 몸에 배면 월간, 연간 계획표를 짜보세요. 계획표를 짤 때 반드시 기억해야 할 것이 있습니다. 계획한 일은 하늘이 무너져도 지켜야 하지만, 그 어떤 철저한 계획안도 탄력적으로 적용해야 한다는 사실이죠. 계획을 지나치게 경직되게 세운 나머지, 일말의 여지조차 허락하지 않는 자세는 결코 바람직하지 않습니다. 그렇게 되면 도리어 너무나 쉽게 그 계획을 포기하게 될지도 몰라요."

이 말은 계획을 수립할 때 자신이 가진 능력치의 100%를 최대치로 삼기보다는 약간의 여지를 남겨두어야 한다는 뜻이다. 최대치는 능력치의 약 80% 선으로 두는 것이 안전하다. 이러한 여지는 업무를 원활하게 완수하기 위한 심리적인 장치다. 계획에 따라가다 피로 감을 느껴서 지레 포기하거나, 예상치 못한 변수가 생겨 중도하차하는 상황을 미연에 방지해준다.

미처 예측하지 못한 업무는 언제든 생기기 마련이다. 당신의 업무가 난관에 봉착했을 때 상사는 또 다른 업무를 지시한다. 새로운 업무는 당연히 일정 시간을 필요로 한다. 실제 업무 과정에서 이런 상황이 발생한다면 당신은 어떻게 해결할 것인가? 상사나 고객이 갑작스러운 요청을 해온다면 당신은 계획을 바꾸어 요청한 일을 처리해야 한다.

계획을 너무 빡빡하게 세웠을 경우, 이처럼 예상치 못한 업무를 처리하고 나면 원래 계획했던 일을 처리할 시간이 절대적으로 부족하게 된다. 이런 업무의 패턴이 반복되다 보면 직장 상사와 동료는 물론이고 당신과 거래하는 고객마저도 당신의 시간 관리 능력에 불만을 갖게 되며, 당신은 업무 처리 능력이 부족하다는 평가를 받게 된다. 주위 사람들의 부정적 평가는 당신이 사내의 업무 환경에 불만을 품는 원인이 된다.

돌발성 업무가 생겼을 때 일의 갈피를 잡지 못해 허둥대는 사람의 경우, 모든 일이 항상 자신에게만 불리하게 돌아간다고 느끼는 경향이 크다. 또한 무의식중에 동료나 상사에게 불안한 심정을 드러내게 되는데, 이는 원만한 직장생활을 저해하는 요인이 되기도 한다.

완벽한 계획의 3단계
: 구체화 · 수치화 · 행동화

문득 공허함에 빠져들 때가 있다. 아침부터 밤까지 구두굽이 닳도록 뛰어다녔지만, 아무런 결과물도 얻지 못했다는 생각에 허무해진다. 시간은 모래알처럼 빠져나가고, 손에 쥐어진 것은 아무 것도 없는 것만 같다. 이러한 공허함에 빠지지 않으려면 계획을 철저히 세워, 불필요한 일에 시간을 낭비하지 말아야 한다.

계획 세우는 일이 누워서 떡 먹기보다 쉽다고 여기는 사람들이 있다. 하지만 이루고자 하는 목표가 모호할 경우, 결국 실현 불가능한 계획으로 전락하고 만다. 예를 들어 '열심히 공부하자'와 같은 목표는 모호하고 불투명하기 때문에 실현 가능성이 현저히 떨어진다. 구체적인 목표를 정하면 계획의 달성은 가속도가 붙게 된다.

아래는 성공을 부르는 목표 세우기의 3단계다.

1. 구체화

목표를 세울 때 가장 빠지기 쉬운 함정은 목표를 세우자마자 곧바로 포기하게 되는 것이다. 간절히 바라왔던 소망을 목표로 삼는 경우, 목표는 추상적으로 흐르기 쉽다. 따라서 목표를 세울 때는 반드시 구체적인 설정에 주력해야 한다. 그래야 예상치 못했던 유혹이나 돌발 상황에 흔들리지 않게 된다.

예를 들어 '전문적인 분야를 공부하고 싶다'라는 목표를 세웠다면 어떤 분야를 어떤 방식으로 공부할 것인지 구체적이고 세부적인 방향을 정해야 한다. 막연히 전문적인 분야가 아닌 '인사조직 컨설팅'과 같은 구체적인 방향을 설정하라.

2. 수치화

목표를 수치화할 수 없다면 이 목표의 실현 여부를 장담할 수 없다. 좀 더 명확한 목표를 정하고 싶다면 반드시 목표를 수치화하라. '매달 매니지먼트 서적을 열심히 읽을 것'이라는 목표보다 '매달 매니지먼트 서적을 3권 이상 읽을 것'이라는 목표를 세웠을 때 실현 가능성이 높아진다.

3. 행동화

구체적이고 수치화된 목표를 세웠다면 목표와 관련된 행동 강령을 만들라. 예를 들어, 매니지먼트 관련 서적을 읽고 난 후에는 독후감을 남기는 등의 행동 강령을 실천하는 것이 바람직하다.

3단계에 입각해 목표를 세웠다면 다음 2가지 사항을 읽으며 세운 목표가 바람직한지 점검해보라.

1. 성장에 도움이 되는 목표여야 한다

목표를 정할 때 한 가지 간과하지 말아야 할 점은 관심 분야와의 연관성을 고려해야 한다는 것이다. 매니지먼트 서적을 매달 3권씩 읽겠다는 목표를 세웠더라도 당신이 매니지먼트 분야에 전혀 관심이 없고, 매니지먼트 서적 읽기가 당신의 업무 수행에 도움이 되지 않는다면 시간만 낭비할 뿐이다. 만약 최근에 IT 관련 사업에 눈독을 들이게 되었다면 앞서 정했던 매니지먼트 관련학 독서라는 구체적 목표는 과감히 삭제하고, IT 관련 역량을 키울 수 있는 목표를 다시 정하라.

2. 꾸준히 일정 시간을 내어 달성할 수 있는 목표여야 한다

목표를 세운 지 얼마 지나지 않은 어느 날, 누군가 당신에게 "매니지먼트 관련 책을 읽고 있습니까?"라고 묻는다면 대다수의 사람들이 "열심히 읽고 있습니다" 하고 대답할 것이다. 하지만 몇 달이 흐른 후

같은 질문을 받는다면 상황은 달라진다. 대부분의 사람들은 고작 몇 페이지를 뒤적이다 책장을 덮기 때문이다. 어떤 목표든 실현하려면 꾸준히 일정 시간을 할애해야 한다. 목표를 세웠다면, 당신이 그 목표의 실현을 위해 얼마만큼의 시간을 투자할 수 있는지 생각해보라.

끝으로 당신이 세운 목표를 서면으로 일목요연하게 기록하라는 조언을 덧붙이고 싶다. 시간이 아까워 목표 기록을 거리는 사람들이 많다. 목표를 기록하는 시간을 아까워하지 말라. 목표를 제때 기록한 후 실천에 옮겨도 늦지 않다. 이상의 원칙들을 부단히 실습하여 행동에 옮길 수 있다면 누구나 인생의 성공적인 관리자가 될 수 있다.

반드시 작성해야 할 3가지 계획서

① 인생 포지션 계획서

방향이 잘못된 노력은 헛수고가 된다. 인생 포지션 계획서를 통해 자신이 추구하는 인생의 방향을 정하라. 이때 성격, 적성, 지식수준, 경험, 가정환경, 트렌드, 지인의 견해를 고려하라.

② 업무 계획서

일을 즉흥적으로 처리하지 말라. 아무리 창의적인 아이디어라도 실제로 구현해내지 못하면 소용이 없다. 업무 계획서는 아이디어를 실현 가능하게 만들어준다.

③ 일일 계획표

하루동안 해야 할 일을 표로 만들어 정리하라. 중요한 일부터 차례대로 기록하고, 기록한 순서대로 처리하라. 단, 예상치 못한 변수에 대비해 업무와 업무 사이에는 약간의 여지를 두는 것이 좋다. 계획한 시간에 맞춰 업무를 진행하는 습관이 몸에 배면 월간, 연간 계획표를 짜보라.

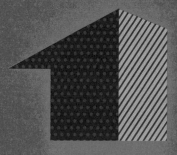

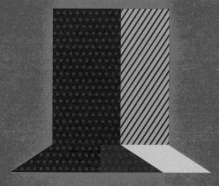

깨진 유리창 법칙

잘못된 습관을 즉각 바로잡아야
더 큰 위기를 막는다

습관은 95%의 행동을 지배한다

엄청난 자산을 지닌 부자가 어느 날 세상을 떠나게 되었다. 부자에게는 자식이 없었기에 먼 친척이 부자의 재산을 모두 차지하게 되었다. 부자의 먼 친척은 길에 돗자리를 깔고 앉아서 지나가는 행인에게 구걸하는 거지였다. 막대한 유산을 상속받은 거지가 있다는 소문을 들은 기자가 그를 찾아왔다.

"하루아침에 운명이 바뀐 행운아가 바로 당신이군요! 큰돈을 상속받고 나서 뭘 샀나요?"

그러자 자리에서 일어난 거지가 자랑스러운 말투로 대답했다.

"새 돗자리를 샀답니다."

일화에서 보듯, 몸에 밴 습관은 인간의 영혼을 완전히 장악한다. 매일 반복하는 행위 중 습관에 해당되지 않는 것은 단지 5%뿐이고, 나머지 95%는 습관에 의한 것이라고 한다. 회사 동료 벤은 이러한 행동 패턴을 연구한 후에 이렇게 말했다.

"우리는 같은 행동을 부단히 반복하며 일생을 마친다. 좋은 습관을 성공과 동일시여기는 이유가 여기에 있다. 성공하는 습관을 가진 이들은 성공한다. 마찬가지로 실패하는 행동을 반복하는 이들은 실패한 인생을 살게 된다."

성공 욕구를 불태우고 의지를 굳건히 하며 자신감과 투지를 불태우는 것만으로는 성공신화의 주인공이 되기에 충분하지 않다. 성공을 꿈꾼다면 좋은 습관을 들이기 위해 노력해야 한다. 좋은 습관이 몸에 밴 사람들은 성공의 궤도에 안착하게 되며, 인생의 목표를 실현하게 된다.

습관 길들이기, 3주면 충분하다

세계적인 주식 전문가이자 가치 투자자로 성공을 거둔 피터 린치가 가장 많이 받는 질문은 바로 이것이다.

"대체 어떻게 하면 당신처럼 엄청난 부를 축적할 수 있는지 궁금합니다. 투자 성공의 비결을 알려주실 수 있습니까?"

린치는 자신의 성공을 오로지 주식 투자와 결부 지으려는 세간의 관심에 아쉬움을 드러냈다. 그가 말하는 성공의 원동력은 사소한 습관 하나다.

"매일 아침에 한 시간 동안 주식의 동향을 연구하고 분석하는 습관을 들인다면 당신의 자산은 눈덩이처럼 불어날 것입니다."

린치의 사례에서 보듯, 사소한 듯하지만 좋은 습관 하나가 인생의 성패를 결정지을 수도 있다. '습관의 힘'만큼 강력한 에너지는 없다. 한편 일상의 사소한 틈새로 오랫동안 해왔던 노력을 하루아침에 무너뜨린 사례도 얼마든지 있다. 말로는 성공을 위해 어떤 노력과 투자도 아끼지 않는다고 하면서 고작 한 시간도 낼 수 없다면 당신의 이상은 공염불에 지나지 않을 것이다. 우리는 미래를 바꾸는 습관의 관성을 인정해야 한다. 매일 아침 똑같은 행동을 시스템화한다는 것이 쉬운 일은 아니지만 이것을 해낸다면 당신은 성공한 삶을 꿈꿀 자격이 있다.

습관 하나가 사람들의 몸에 각인되기까지는 대략 21일이 걸린다. 어떤 동작을 머릿속에 떠올려보라. 이 동작을 3주 동안 반복하면 그 후로는 의식하지 않아도 저절로 동작을 취하게 된다. 설사 다른 생각에 골몰해 있더라도 당신의 몸은 저절로 반응할 것이다. 굳어진 습관이 의식 깊숙이 침투해 있기 때문이다.

몸에 밴 습관을 바꾸려면 100일도 역부족이다

좋은 습관을 당신의 것으로 만들기 위해서는 우선 몸에 밴 나쁜 습관부터 없애야 한다. 하지만 한 번 들인 습관을 없애기는 생각보다 쉽지 않다. 습관은 광활한 대지 위에 수천 년 동안 자리매김 해온 고목처럼 사실 그 뿌리가 매우 깊기 때문이다.

케케묵은 습관을 뿌리 뽑기 위해서는 이보다 훨씬 더 강력한 에너지를 발동시켜야 한다. 습관으로 굳어진 행동을 바꾸려면 적어도 형성된 시간의 3~5배가 소요된다고 한다. 어린 시절 몸에 밴 습관이 평생이 걸려도 고쳐지지 않는 이유를 떠올려보면 좀 더 이해가 빠를 것이다.

이러한 사실을 보여주는 과학 실험이 있다. 투명한 유리병에 벼룩을 넣고 뚜껑을 닫았다. 벼룩은 쉬지 않고 유리병 위로 뛰어올랐지만, 번번이 유리병 뚜껑에 가로막혔다. 시간이 지나 유리병의 뚜껑을 열어두었지만, 벼룩은 원래의 유리병 높이까지만 뛰어오를 뿐이었다. 실패를 인식한 이후로 벼룩에게 하나의 고정된 습관이 형성된 것이다. 습관이 된 행동은 생명에 위협을 느낄 만큼 강력한 자극이 주어지지 않는 이상 바뀌지 않는다. 벼룩은 더 이상 견딜 수 없을 정도로 유리병을 가열한 후에야 껑충 뛰어 유리병 밖으로 탈출했다.

인간의 생존 본능 역시 다르지 않다. 외부 환경에 순응한 사람들은 고정된 습관의 노예가 된다. 절체절명의 위기가 닥치지 않는 이상 이들은 결코 습관을 개선할 의지를 보이지 않게 된다.

습관은 왜 이렇게 바꾸기 어려운 것일까? 습관이 중독과 마찬가지로 '조건반사적인 성질'을 갖기 때문이다. 습관은 본능을 자극하며, 무의식중에 동일한 행위를 반복하게 만든다. 한번 형성된 습관을 자기 자신은 물론 외부 혹은 제3자에게 저지당하면 불안감이 엄습해온다. 고착화된 심리적 안정감이 방해를 받기 때문이다. 사람들이 특정한 습관을 통해 심리적인 안정감을 찾는 이유가 여기에 있다. 혼자서 2인용 침대를 독차지해오던 사람이 어느 날 갑자기 침대를 1인용으로 바꾸면 심리적인 안정이 깨지면서 불면증에 걸리기도 한다.

습관의 힘은 눈에 보이지 않으므로 대수롭지 않게 여기기 쉽지만, 사소한 나쁜 습관도 장기간 반복되면 삶을 파멸로 몰아가는 강력한 파괴력을 지니게 된다. 우리가 습관적으로 하는 행동에 더욱 세심하고 각별한 주의를 기울여야 하는 이유가 바로 이 때문이다. 유익하지 못한 습관이 뿌리를 내리지 못하도록 철저히 방어하라. 나쁜 습관을 떨쳐내면 몇 년 후, 상상도 하지 못했던 성과를 눈으로 확인하게 될 것이다.

머뭇거리고 미루는 당신, 성공하긴 글렀다

행동에 옮기기 직전에 "천천히 생각해보죠"라는 말을 습관적으로 입에 담는다면 당신에게는 업무를 과감히 착수하지 못하고 머뭇거리는 양상이 있음을 자각해야 한다. 이러한 습관은 갈수록 굳어지며, 일거수일투족에 무의식적인 악영향을 미친다.

아래의 항목은 머뭇거리는 습관을 지닌 사람들의 공통점이다. 당신은 6개 중 몇 가지에 해당되는가?

1. 오지랖이 넓다는 얘기를 자주 듣는다

주요한 업무에 정신을 집중하지 못하고 돌발적으로 일어나는 사소하고 잡다한 일들에 쉽게 집중력이 흐트러지는 편이다. 다른 사람들의 일에 자주 관여하다 보니, 복잡한 일에 휘말리는 일이 많다.

2. 능동적으로 일을 처리하지 못한다

직장은 물론이고 일상생활에서도 항상 상사나 주변 사람들의 지시가 있어야만 행동에 옮기는 편이다. 본인 스스로 이것이 잘못되었음을 느끼지만 이러한 패턴은 항상 반복된다.

3. 스스로 완벽주의자라고 자부한다

완벽한 결과를 도출해내기 위해 계획을 수시로 변경하고 충동적인 선택을 즐긴다. 어떤 일에 착수하기 전에는 당장 시작할 수 없는 이유를 찾아내고, 즉각 행동에 옮기는 것을 꺼리거나 뒤로 미룰 명분을 찾는다.

4. 병적으로 나태한 경향이 있다

무슨 일을 하더라도 신속하게 처리하거나 시급을 다투어 본 적이 없다. 이것이 문제가 된다는 사실을 스스로 인식하지만, 개선하지 못한다.

5. 일을 하는 도중에 멈추는 일이 잦다

즉각적으로 결정하고 신속히 행동하는 경우에도 방향을 수립하는 것이 매우 서툴다. 따라서 중도에 멈칫거리느라 업무를 지속적으로 해내지 못한다.

6. 감정의 기복이 심하다

쉽게 흥분하고 쉽게 가라앉는 편이다. 진행하던 업무에 갑자기 흥미를 잃거나 싫증을 내기도 한다. 때론 불투명한 미래에 대해서 비관에 빠지기도 하는데, 이러한 성향이 행동을 주저하게 만드는 원인이 된다.

머뭇거리는 태도는 누구나 흔히 가지고 있는 심리의 발현으로, 처음 몇 번은 일을 약간 지연시킬 뿐 큰 문제가 되지는 않는다. 하지만 이런 태도를 일관되게 유지할 경우, 중대한 일을 망치는 원인으로 작용하기도 한다. 변명으로 일관하는 자세는 또 다른 행동을 지연시키며, 어떤 결정도 행동에 쉽게 옮기지 못하도록 발목을 잡는다.

이들은 언제 어디서나 변명을 앞세우고 더 강력한 명분을 찾아 스스로 일이 지연되는 구실을 만들어낸다. 어떤 일은 너무 지루해서 탈이고, 어떤 일은 너무 과중해서 탈이라는 식이다. 동료와 마음이 맞지 않은 것도 탈이고, 시기적으로 타이밍이 좋지 않은 것도 탈이다. 이들은 진짜 이유를 찾으려는 노력은 하지 않고, 악착같이 변명을 찾아낼 뿐이다.

또 어떤 사람들은 질질 끄는 습관을 낙천적이고 천하태평인 성향으로 위장한다. 하지만 이것이 더 큰 문제를 초래한다는 사실을 명심해야 한다. 업무상의 효율을 떨어뜨리는 것은 물론이고 어떤 문제도 해결해주지 않기 때문이다. 현실은 도망칠수록 더욱 가혹하게 덮쳐오는 법이다.

성공하는 사람들은 결코 머뭇거리거나 질질 끄는 습관이 없다. 승자의 최대 강점은 결정을 내렸으면 가능한 최적의 시기에 즉각적으로 처리한다는 사실이다. 이것만으로도 현실의 난관은 대부분 가볍게 해결된다. 쓸데없는 시간 낭비를 막고 정확한 방법으로 신속히 대처하는 습관은 후발주자의 추월을 원천 봉쇄하며, 경쟁에서 우위를 선점할 수 있게 해준다.

혹시 당신도 현실에서 도피하고 있지 않은가? 매사를 질질 끄는 습관이 당신의 일상을 온통 고통으로 채우고 있지 않은가? 그렇다면 '행동하라'라는 한 문장을 깊이 새기라. 이것은 어느 조직을 불문하고 일을 처리하는 기본 수칙이다. 즉시 행동하지 않고 미루기를 좋아하는 사람들은 인생 역시 엿가락처럼 늘어지기 십상이다. 시간이 지나면서 열정은 줄어들고 성취도도 낮아진다. 스스로 감수해야 하는 스트레스는 상상을 초월한다.

하고 싶었던 업무가 주어졌을 때도 즉각 행동에 옮기지 못한다면 능력을 의심받게 된다. 이처럼 주저하고 머뭇거리느라 과감히 업무에 착수하지 못하는 습관은 만성적 자살 행위와 다를 바 없다. 미루는 습관에 익숙해진 사람들은 도전정신이 요구되는 업무에 배치되었을 때도 아무런 감흥을 느끼지 못하게 된다.

자신을 엿가락처럼 끝도 없이 늘어지게 만드는 원인이 무엇인지 곰곰이 생각해보고 이것들을 나열하여 하나의 양식을 완성해보라. 그리고 이를 벽에 붙인 후 매일 스스로 각성하라. 변화와 개선은 가장 쉬운 단계부터 시도하라. 난이도가 낮은 일부터 시작하여 서서히 그 단계를 높여야 한다.

서서히 내면의 강렬한 행동 욕구를 자극하면 업무를 처리하는 에너지가 왕성해진다. 점차 난이도를 높여가면 과중한 업무도 수월하게 풀어갈 수 있다. 이전 단계의 작업을 완수했던 경험은 성취감을 안겨주기 때문이다. 비중 있는 업무가 주는 스트레스로 인해 흥미가 반감된다고 해도 자신의 정서를 스스로 통제하고 조절해야 한다. 이때 기억해야 할 것은 맹목적으로 일에 매달리는 것이 아니라 후발주자와의 적당한 거리를 유지하는 정도로 페이스를 조절하는 일이다.

업무상 기피대상 1호는 질질 끄는 사람들

오늘날의 기업들은 일처리를 지연시키는 직원을 반기지 않는다. 고용주의 입장에서 입으로만 "예" 하면서도 실제 행동이 굼뜨기 그지없는 직원을 아래에 둔다면 그야말로 '대략 난감'할 것이다. 앞으로 두 발자국을 잡아당겼을 때 한 발자국만 가까스로 내딛는 나태한 사람은 업무 능력이 크게 떨어지는 사람과 다를 바 없다. 특히 상사의 요구나 명령에 소극적인 응대로 일관하는 이들은 자신의 행동이 상사에게 저항이나 거절로 비칠 수 있음을 자각해야 한다.

업무를 제때 처리하지 않는 직원에게 주의를 주는 것은 관리자의 가장 중요한 임무다. 최근 미국과 중국의 주요 기업에서 습관적으로 업무를 지연시키는 직원을 대상으로 특별 감사를 실시한 결과, 이들 중 젊은 층이 적지 않음을 발견했다.

이들은 업무에 만족할 수 없는 이유를 다른 사람의 탓으로 돌렸다. 스스로 완결해야 했음에도 미완으로 끝난 업무에 대해서는 각양 각색의 명분을 붙였다. 어떤 기상천외한 이유를 대서라도 자신의 게으름을 숨기고 회사의 처벌을 회피하려 애썼다. 가장 중요한 사실은 이들이 끊임없이 자신을 속인다는 사실이었다.

"사실 나는 문제없이 잘해왔어. 외부의 예상치 못한 변수 때문에 낭패를 봤을 뿐이지. 이번 일을 망친 건 내 탓이 아니야. 이런 상황에서는 다른 어느 누구도 대처할 방법이 없었을 거야. 업무를 완수하지 못한 데는 다 그럴만한 이유가 있었어."

이들은 이런 변명을 머릿속에 입력해두었다가 적절한 시기가 되면 상사나 동료에게 변명처럼 늘어놓는다. 하지만 핑계를 대는 사람은 어디에서건 인정받기 어렵다. 어느 누구도 이런 사람과 함께 일하고 싶어 하지 않는다. 결국 이들은 회사에서 기피대상 1호로 전락하기 십상이다.

어느 중국 기업의 총재가 직원들에게 이런 경고를 한 적이 있다.

"나는 업무를 질질 끄는 사원에게 일말의 희망도 품지 않습니다. 한번 업무를 지연시키면 경고, 두 번째부터는 바로 해고를 통보합니다. 인생은 짧아요. 왕성하게 일할 수 있는 기간 역시 20~30년에 지나지 않습니다. 그래서 나는 시간을 아끼지 않는 직원에게는 기회를 줄 필요가 없다고 생각합니다. 나는 이런 부류의 사람과는 두 번다시 일하고 싶지 않습니다."

우유부단한 태도로 업무를 처리한다면 아무런 성과를 얻을 수 없다. 과감히 업무에 착수하지 않는 사람에게는 최선의 노력을 기대할 수 없으며, 불평불만이 가득한 사람은 아무리 능력이 뛰어나다고 해도 이를 발휘할 수가 없다고 나는 확신한다. 사회는 이런 부류의 사람들에게 단 하나의 낙인을 찍을 뿐이다. 변화가 두려워서 머뭇거리는 이들은 현실에서 가장 도태되기 쉬운 유형에 속한다.

신속히 행동하고, 높은 성과를 얻는 사람들은 언제나 생동감이 넘친다. 이들은 자다가도 업무를 떠올리면 얼굴에 화색이 돌며, 결정이 나는 즉시 행동에 옮긴다. 이들은 자신이 지닌 잠재능력의 최대치를 발휘한다. 도전의식으로 충만하고 매사 생기와 활력이 넘치는 사람들은 우울과 나태에 자신을 맡기지 않는다. 이들은 시종일관 투지를 불사르며, 자신의 레이스에 충실하다.

언젠가 해야 한다면 지금 당장 하라

2006년, 중국의 화진기업은 "행동은 지금 즉시!"라는 캐치프레이즈를 내걸었다. 이후, 사내 이벤트를 진행하고 상벌 제도를 보완하는 등 사원들에게 신속히 행동하는 습관을 심어주기 위해 힘썼다. 부서의 벽면마다 캐치프레이즈를 내걸어, 사원들의 뇌리에서 떠나지 않도록 했다.

나는 화진기업 사원들을 대상으로 한 강연에서 이런 내용을 전달했다.

"여러분 자신을 믿으세요. 자신에 대한 신뢰를 기폭제로 삼아, 열정을 다해 업무에 임해보세요. 1초도 헛되이 낭비하지 않겠다고 결심할 때, 기적을 창조할 수 있음을 잊지 말아야 합니다."

위대한 이상을 품은 사람도 현실에서 첫 걸음을 내딛지 못한다면 아무 소용이 없다. 조직에서 도태당할 위기에 처한 사람이 있다고 가정하자. 체면을 손상시키고 싶지 않아서 이런 저런 핑계를 갖다 붙여 남들을 설득한다고 한들, 납득시키기는 쉽지 않을 것이다. 매사에 즉각적인 반응을 보이지 않는 사람은 좋은 평판을 기대하기 힘들다. 꾸물거리는 행동이 반복될수록 그에 대한 평가는 서서히 하향 곡선을 그리게 될 것이다.

당신이 만약 어떤 중요한 일을 처리하기 위해 누군가의 도움을 요청해야 한다면 "행동은 지금 즉시!"라는 캐치프레이즈를 머릿속에 떠올려보라. 그리고 지금 당장 전화를 걸어 이렇게 말하라.

"상의할 문제가 있는데 지금 당장 찾아뵙고 싶습니다."

'내일 전화하면 되겠지' 혹은 '만나기 전에 생각을 좀 해보는 게 좋지 않을까?'와 같은 핑계는 자기기만이자 현실 도피 심리의 발현임을 잊지 말라. 당신의 머릿속에 이런 핑계가 떠오르지 않도록 습관화하라. 즉각적으로 행동하는 행동주의자들이 얻는 일상의 이점은 다음과 같다.

· 언젠가는 해야 하지만 하고 싶지 않은 일을 신속히 완료한다.
· 즐길 수 없는 일들을 질질 끌며 두려움을 키우는 일이 없다.
· 망설이다 놓치는 시간이 적어, 기회가 성공으로 이어진다.

행동주의자가 되기를 꿈꾼다면 다음의 3가지 습관을 들여보라.

1. 출근 직후

그날 해야 할 일의 목록을 작성한다.

2. 업무 중

오늘 해야 할 일은 반드시 오늘 내로 끝낸다.

3. 퇴근 전

계획했던 업무들이 차질 없이 진행되었는지 검토하고, 미진한 부분이 있다면 다음 날 처리할 수 있도록 목록을 작성해둔다.

퇴근 시간을 앞당기는 9가지 업무 습관

혹시 제때 완성하지 못한 업무로 인해 극심한 초조감에 시달려본 경험이 있는가?

"어쩌면 좋지? 머리가 터질 것 같아!"

"오늘 안으로 끝내겠다고 큰소리쳤는데, 결과가 왜 이 모양이지?"

"나는 왜 항상 중도에 시들해져버리는 걸까?"

"난 정말 왜 이렇게 한심한 걸까? 이 계획은 전부 다 새로 수정해야겠어."

당신도 모르게 늘어놓는 이런 한탄은 업무 방식에 결함이 있다는 증거이며, 업무 습관을 개선하려는 노력이 필요하다는 뜻이다. 하지만 오랜 시간 지속해오던 습관을 개선하기는 결코 쉽지 않다.

아래는 당신의 퇴근 시간을 앞당겨줄 고효율의 업무 습관 9가지다. 새로운 습관을 들이는 데 필요한 21일 동안 하나씩 실천해보라.

1. 에너지가 왕성한 시간을 찾으라

하루 중 집중력이 최고조에 달하는 시간대를 찾으라. 그 다음, 집중력과 창의력을 요하는 업무를 이 시간대에 배치하라. 사람마다 차이가 있지만 주로 오전이나 새벽 시간대를 활용하면 효율성을 높일 수 있다.

2. 집중력으로 승부하라

하루 2시간 정도는 누구라도 집중력을 발휘할 수 있다. 집중하는 2시간 동안은 휴대 전화 알림음을 무음으로 설정하는 등 주변의 사소한 방해를 끊어내라. 짧은 시간 안에 집중해 하나의 업무를 완벽히 끝내는 방식은 작업의 효율을 높인다.

3. 요청은 즉각 처리하라

상호 소통의 제1원칙은 즉각적인 답변이다. 확답을 미루고 뒤늦게 반응하는 것은 바람직하지 못한 업무 태도다. 이메일 관리에 업무 시간이 점유당하지 않도록 관리해, 에너지 소모를 막아야 한다.

4. 하루 일과를 계획하라

매일 하루의 일과를 계획하고, 모든 일정을 기록으로 남겨라. 이 때, 잠깐의 휴식 시간을 고려해 계획을 짜는 것이 좋다. 회의와 다음 미팅의 틈새 시간이 날 때, 잠깐 여유를 찾아 한숨을 돌리거나 휴식을 취하라. 그리고 다시 업무에 돌입하면 단숨에 완결하는 습관을 기르라. 이것이 바로 고효율이다.

5. 자투리 시간을 관리하라

자투리 시간을 효율적으로 이용하는 기술을 익혀야 한다. 업무의 일정 중간에 비어있는 공백의 시간대에는 아이디어 구상을 하거나 메일 확인을 하는 등 알차게 활용할 필요가 있다. 이러한 자투리 시간의 활용도를 인식한다면 스마트폰 게임에 몰두하거나 잡지를 뒤적이며 허비하지 않게 된다.

6. 전화 통화 시간을 줄이라

중요한 업무 내용이 아닐 경우에 전화 통화로 업무 시간을 허비하지 말라. 3분 이내면 충분히 의사를 전달할 수 있다. 여담으로 전화통화량이 늘어나지 않도록 하라.

7. 권한을 위임하라

권한의 위임은 효율을 높이는 관건이다. 상황과 범위가 허락하는 한도에서 업무상의 조력자가 필요한 경우가 있다. 조력자에게 권한을 위임하면 업무 분담이 가능해진다. 모든 업무를 직접 처리하는 것도 불가능하지만, 설사 완벽하게 처리한다고 해도 피로감이 극에 달하거나 진이 빠질 수도 있다. 마치 밑 빠진 독에 물을 채우려는 것처럼 자신의 에너지를 소진시킬 뿐이다.

8. 스케줄을 관리하라

평소 스케줄 관리는 유연한 자세로 임해야 한다. 지나치게 빡빡하게 짜거나 융통성을 전혀 발휘하지 않는 경우에는 역효과가 나기 쉽다. 업무의 성격에 맞춰서 수시로 스케줄을 조정하는 것이 바람직하다. 그날의 업무를 깔끔하게 종결짓는 자세는 다음날의 업무 스케줄에도 긍정적인 영향을 미친다.

9. 매일 다음날 계획을 세우라

하루 일과를 마감하고 사무실을 나서기 직전에 항상 다음날의 스케줄을 정리한다. 이런 식으로 하루 단위로 일정을 완결하는 습관은 다음날의 일정에 대한 준비 단계로서, 심리적인 부담감을 덜어준다.

성공하는 습관 관리의 4원칙

❶ 좋은 습관을 내 것으로 만들라

습관 하나가 몸에 배는 데는 21일이 걸린다. 들이고 싶은 습관을 21일동안 반복해 자신의 것이 되게 하라.

❷ 나쁜 습관이 뿌리내리지 못하도록 하라

습관을 들이는 데는 3주면 충분하지만, 한번 든 습관을 없애는 데는 100일도 역부족이다. 바람직하지 못한 말이나 행동이 습관화되지 않도록 철저히 방어하라.

❸ 없애야 할 습관 1호는 질질 끄는 습관이다

일처리를 미루는 직원을 반기는 회사나 동료는 어디에도 없다. 생각한 것을 즉각 행동으로 옮기는 '행동주의자'로 거듭나라.

❹ 고효율의 업무습관을 기르라

하루 중 에너지가 가장 왕성한 시간대를 찾아 집중하라. 매일 하루 일과를 계획하고, 계획한 시간 내에 일을 끝마치는 습관은 퇴근 시간을 앞당겨줄 것이다.

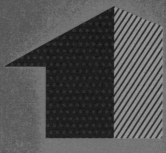

퀀텀 점프의 법칙

눈앞의 장애물을 뛰어넘으면
남보다 2배 앞서 간다

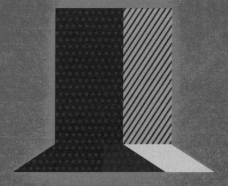

유감스럽게도 역경은 인생의 필수 과목이다

젊은 시절, 나는 청쿵그룹으로 일터를 옮기기 전 몇 개월 동안 불평 불만을 입에 달고 살았다. 그때 나는 내가 얼마나 혹독한 역경을 겪었는지 남들은 상상도 못할 거라고 여겼다. 당시 영업부의 직속상관이자 사장이었던 양 선생은 나의 속마음을 읽고 이런 말을 던졌다.

"이보게, 고작 그 정도 가지고 좌절 운운하지 말게나. 사람들은 인생 최악의 역경이니 시련이니 떠들지만 이 또한 결국 지나가는 법일세. 역경이란 단지 일이 잠시 풀리지 않는 순간일 뿐이네."

양 선생의 말을 듣는 순간 나는 지금껏 불평만 늘어놓은 나 자신이 부끄러워졌다. 사실 내가 겪은 가장 큰 역경은 고교 입시에 한 차례 실패한 쓰디쓴 경험뿐이었다. 그 이후의 역경이라고는 대학을 졸업하고 야심차게 들어간 첫 직장에서 사흘도 못 채우고 나온 것, 무작정 홍콩에 갔을 때 숙식을 해결할 곳을 찾지 못해서 사흘 간 고생했던 기억이 전부였다.

양 선생의 말을 듣고 나를 괴롭혔던 역경도 지나고 보니 별 것 아니었음을 깨달았다. 내 자신이 얼마나 나약한 생각에 사로잡혀 있었는지도 반성하게 되었다. 특히 일선에서 고객을 상대하면서 상당한 스트레스를 받을 회사의 동료들과 나를 비교해보면 내가 겪은 역경은 진정한 의미에서의 역경이 아니라는 생각이 들었다.

진정한 역경은 우리를 강하게 만든다. 역경은 삶의 의지를 다질 기회를 주며, 우리 스스로 삶의 난관을 헤쳐 나가는 문제 해결 능력을 키워준다. 역경을 이겨내고 문제 해결 능력을 갖춘 사람만이 과거를 돌아볼 자격을 갖게 된다. 그래서 나는 역경이란 신이 주신 축복의 선물이라고 생각한다.

따라서 역경에 봉착했을 경우, 우리는 한층 더 폭넓은 시각으로 이 문제를 바라봐야 한다. 인간으로 태어난 이상 누구나 역경이라는 시험을 치러야 한다는 사실을 우리는 이해해야 한다. 역경을 기회로 삼아, 다음 번에 같은 역경이 찾아왔을 때 방어할 수 있는 능력을 키운다면 밀림 세계의 노련한 사냥꾼이라 칭할만 하다.

일상의 안정된 틀 안에서 벗어나기를 원하는 사람이 과연 얼마나 될까? 사람들은 하는 일이 모두 순풍에 돛을 단 듯 순조롭게 진행되기를 바란다. 하지만 1년 365일 맑은 날만 지속된다면 진정 행복해질 수 있을까? 강자의 인생에서 역경과 실패는 필수 과목이다. 평생

부드러운 순풍만 불어온다면 어부는 서서히 경계심을 잃고 정신력이 흐트러지고 만다.

'삶은 개구리 증후군'이라는 현상이 있다. 19세기 생리학자들이 실험을 통해 밝혀낸 현상이다. 뜨거운 물에 넣은 개구리는 금방 뛰쳐나오지만, 서서히 물의 온도를 높이면 개구리는 온도 변화를 감지하지 못하고 죽어버린다. 이 실험은 변화에 대응하지 못하면 큰화를 입을 수 있음을 알려준다. 사람도 마찬가지다. 인생이 순조롭게만 흘러간다면 진짜 위기가 닥쳤을 때 극복하지 못하게 된다.

사회적인 성공을 거둔 사람들은 밀림 세계의 강자임을 이미 인정받은 이들이다. 이들은 이상과 현실 사이에 놓인 무수한 가시밭길을 혼자 힘으로 걸어왔다. 이들에게도 역경에서 도피할 방도는 없었다. 하지만 이들은 인생의 좌절을 받아들이고 합리적인 태도로 역경을 해결했다. 또한 역경을 해결하는 과정에서 자신의 숨겨진 잠재능력을 일깨워, 성공 신화의 주인공이 되었다.

위인들의 성장 배경에는 한 가지 공통점이 있다. 이들은 세상의 온갖 풍파에서 자신을 지켜줄 보금자리를 스스로 거부한다. 온실과 같은 안온한 쉼터를 떠나 고난과 시련에 자신을 담금질한다. 그리고 애벌레가 나비로 변하듯 환골탈태의 과정을 거쳐 금의환향한다. 이들 가운데 금수저를 입에 물고 태어나 온실의 화초처럼 곱게 자란이들을 찾아보기란 거의 불가능하다. 성공하는 이들은 대부분 혹독한 시련과 좌절을 숱하게 경험하기 마련이다.

사람마다 생김새가 제각각이듯이 인생 여정도 각기 다르다. 하지만 인생의 부침과 기복은 누구나 겪게 된다. 직장 동료 스미스는 신입사원들을 교육할 때 항상 이런 이야기를 들려준다.

"세상에 전지전능한 사람은 없습니다. 이제부터 여러분은 조직원으로서 가장 평등한 동시에 가장 가혹한 대우를 받게 될 것입니다. 생각지 못한 좌절과 때때로 엄습해오는 곤혹감을 견디며 스스로를 단련시키다 보면 어느 날 놀랍게 성장한 자신을 발견하게 될 것입니다. 여러분, 인생의 가장 밑바닥을 치고 정상에 올라와서 주위를 둘러보았을 때 자신이 끝까지 살아남은 유일한 사람임을 깨닫게 된다면 어떤 기분이 들지 상상해보세요. 역경은 신이 여러분에게 준 최고의 선물입니다. 물론 여러분 중 대부분은 이런 사실을 인정하기 힘들겠지만요."

나 역시 스미스의 생각에 동의한다. 부하 직원들에게 나는 이런 조언을 들려주곤 한다.

"업무를 처리하는 과정에서 시행착오를 겪게 된다 해도 기죽을 필요는 없습니다. 고객들이 억지스러운 요구를 해와도 결코 의기소침하지 마십시오. 시련과 좌절의 과정은 여러분을 성공에 이르게 하는 동력이며, 성공으로 가는 여정 가운데 한 지점일 뿐이니까요."

로스엔젤레스의 영웅이라 불리는 여성

라이온스는 로스엔젤레스의 영웅으로 불리는 여성이다. 로스엔젤레스 사람들은 그를 '마더 히어로'라고 불렀다. 라이온스는 원래 외과 의사였다. 뛰어난 실력으로 남부럽지 않은 부와 명예를 누리던 그가 불행의 나락에 떨어진 것은 한순간이었다. 라이온스의 남편은 암 선고를 받은 지 불과 열흘 만에 세상을 떠났다. 건강하던 남편의 몸에 암세포가 급속도로 퍼져나가자, 의사인 그도 난감할 뿐이었다.

라이온스의 표현을 빌면 남편의 죽음은 '마른하늘에 날벼락' 같은 일이었다. 다행히도 그와 남편 사이에는 어린 아들이 있었다. 그는 아들과 서로 의지하며 불행한 시간을 견뎌냈다. 시간이 흐르자 남편을 떠나보낸 슬픔도 서서히 무뎌져가는 듯 했다.

그러나 불행은 여기서 끝나지 않았다. 뜻하지 않게 미망인이 된 충격에서 벗어나기도 전에 그는 자신의 몸에 이상이 생겼음을 예감했다. 걸을 때마다 다리에 힘이 빠졌고, 극심한 현기증 증세가 찾아왔다. 길을 가다가 기절을 하는 경우도 있었다. 병원을 찾은 그에게 주치의는 이렇게 말했다.

"아무래도 희귀한 유전병인 것 같습니다. 채혈 검사를 한 후에 최종 검사 결과를 말씀드리죠."

주치의는 그의 병이 현재의 의술로는 치료하기 어려운 희귀 질환임을 최종 통보해왔다. 더욱 끔찍한 것은 그의 병이 아들에게 유전될 수도 있다는 사실이었다.

라이온스는 그 길로 아들의 손을 잡고 병원으로 달려갔다. 불행은 그녀를 완전히 비껴가지 않았다. 아들에게까지 병이 유전된 것이다. 뜻하지 않은 시련의 연속에 그는 하늘을 원망했다.

"어째서 내게 이런 시련을 안겨주는 건가요? 신이 있다면 제발 좀 대답해주세요. 당신은 내게 왜 이렇게 가혹한 거죠?"

하지만 신은 아무런 대답도 해주지 않았다. 질문의 답은 라이온스 스스로 찾아야만 했다.

그는 의사 가운을 벗어던지고 자선단체를 찾아갔다. 어려운 사람들을 돕는 자선사업에 몰두하는 한편, 틈날 때마다 자신과 아들의 병을 치료할 방법을 연구했다. 괄목할 만한 성과를 기대하기 어려운 병이었지만, 그는 포기하지 않았다. 반드시 치료법을 찾아낼 것이며, 인생을 포기하지 않겠다는 의지 하나로 이를 악물고 버텼다.

'내가 아니면 아무도 나와 아들을 살릴 수 없어.'

백방을 수소문하며 병에 관한 자료를 찾고, 동료 의사들에게 자문을 구했다. 하지만 그에게 돌아온 대답은 늘 같았다.

"이건 불가능한 일이에요."

그러는 사이, 아들의 병세는 점점 더 위중해졌다. 아들은 병원에서 사경을 헤매고 있었다. 의사들은 여전히 아무런 치료법도 찾아내지 못했다. 위급한 상황이 닥칠 때면 안타까운 마음으로 지켜보는 것 말고는 다른 방법이 없었다. 그의 건강 역시 나날이 악화되었지만 어려운 사람들을 돕는 일만큼은 결코 그만두지 않았다. 그는 말했다.

"설사 이러다 죽는 한이 있어도 자선사업을 그만두는 일은 없을 겁니다."

세상에는 라이온스처럼 최악의 상황에서도 강인한 정신력을 보여주는 영웅이 있다. 당신이라면 승산이 전혀 보이지 않는 승부에 계속해서 도전장을 내밀 수 있겠는가? 그러나 인간의 위대함은 거듭되는 좌절을 성장의 동력으로 삼는 태도에서 나온다.

영웅은 성공한 사람이 아니다. 실패할지도 모르는 일에 과감하게 도전하는 자세만으로도 주변인들에게 용기와 감동을 주는 영웅이 될 수 있다. 누구나 영웅이 될 만한 잠재력을 가지고 있다. 당신은 가혹한 운명 앞에 도전장을 내밀 수 있는가? 당신은 변화를 불러올 수 있는가? 이 질문의 답은 순전히 당신의 의지에 달려있다. 가혹한 운명을 과감히 받아들이고, 타고난 기질을 스스로 변화시키겠다는 의지만 있다면 모든 역경은 꿈을 이루는 동력이 된다.

빌 게이츠는 어떻게
윈도우 체제를 성공시켰을까?

만약 누군가 계속해서 핑계를 댄다면 그 일이 하고 싶지 않다는 증거로 받아들여도 좋다. 당신이 진정으로 그 일을 하고 싶다면 어떤 상황에서도 해결책을 연구해야 한다.

어떤 문제에 직면했을 때 당신의 뇌리에 본능적으로 가장 먼저 떠오르는 생각은 무엇인가? 성공하는 사람들은 "어떻게 하면 이 문제를 해결할까?"를 가장 먼저 고민한다. 반면 실패를 거듭하는 사람들은 "이 일을 계속 할까, 그만 둘까?"를 가장 먼저 떠올린다.

명망 있는 집안의 사모님을 자처하는 여성들이 사색이 되어 나를 찾아온 적이 있다. 남편 몰래 자금을 투자했다가 막대한 손해를 보게 되자, 뒤늦게 지푸라기라도 잡는 심정으로 나에게 자문을 구하러 온 것이다.

"자그마치 800만 달러예요. 정말 엄청난 액수라고요!"

"만약 이번에도 투자에 실패하면 그날로 당장 이혼을 당할지도 몰라요."

"이대로 빈털터리로 쫓겨날 수 없잖아요. 한 푼이라도 손해 보지 않게 해주세요."

"제발 저한테 투자의 비결을 알려주시면 안 될까요?"

"제가 입은 손실을 다른 곳에서 보충할 수는 없을까요? 솔직히 이렇게 된 게 저 혼자만의 책임은 아니잖아요. 아니면 남편을 이해시킬 수 있는 방법이 없을까요?"

그들의 태도를 지켜보면서 누구나 그들과 비슷한 문제에 직면할 수 있다는 생각이 들었다. 그들처럼 예상치 못한 난관에 봉착했을 때, 어떤 방식으로 대처하는 것이 가장 좋을까?

절망의 구렁텅이에 빠졌을 때는 한 가지만 기억하라. 나 자신을 구제할 수 있는 사람은 오로지 나뿐이라는 사실 말이다. 이런 사실을 인정했을 때, 당신 앞에는 두 가지 선택지가 남아 있다. 첫 번째는 해결책을 연구해 문제를 해결하는 것이고, 두 번째는 핑계를 대고 빠져나가는 것이다.

빌 게이츠에게는 '세계 최고의 갑부'라는 수식어가 따라붙는다. 그가 윈도우 체제를 개발해 세계 굴지의 기업인 마이크로 소프트를 만들었다는 사실은 전 세계 사람들 모두가 알고 있다. 하지만 회사 설립 초기에 윈도우 체제와 유사한 제품이 시장에 많이 있었다는 사실을 아는 사람은 드물다. 당시 빌 게이츠가 윈도우 체제로 소프트웨어 시장에서 우위를 선점하기란 결코 쉬운 일이 아니었다. 게이츠는 대체 어떻게 성공의 기회를 잡았을까?

어떤 사람들은 단지 운이 좋았을 뿐이라고 말한다. 당시 세계 최대의 컴퓨터 기업이었던 IBM과 손을 잡지 않았더라면 게이츠의 성공 신화는 없었을지도 모르기 때문이다. 그가 성공한 데는 당시 IBM의 이사였던 그의 어머니가 영향을 미쳤다는 사실도 부정할 수 없다. 그러나 엄밀히 따지자면 게이츠의 어머니는 사람들이 상상하듯 결정적인 도움을 주지 못했다. 심지어 그는 어머니에게 도움을 요청했다가 거절당하고, 꽤 오랜 시간 동안 상심의 나날을 보낸 적도 있다.

하지만 이 정도의 좌절로 주저앉을 그가 아니었다. 그는 이것을 결코 실패의 핑계로 삼지 않았다. 회사 규모가 작다는 이유로 컴퓨터회사와의 미팅이 모두 무산된 후, 그가 선택할 수 있었던 것은 윈도우 체제를 수단과 방법을 가리지 않고 시장에 내놓는 일뿐이었다.

그는 거절당했던 업체 중 IBM을 공략하기로 했다. 그리고 다시 한 번 어머니에게 요청해 IBM의 대표를 접촉하는 데 성공했다. 알다시피 IBM은 자선사업단체가 아니다. 그들은 협업하는 업체의 실력을 가장 중시했고, 게이츠의 실력을 검증하고자 했다. 윈도우 체제를 직접 본 IBM 관계자들은 탁월한 성능에 마음을 빼앗겼고, 마이크로 소프트와의 합작을 감행했다.

　IBM과의 합작 이후, 게이츠의 윈도우 체제는 전 세계 컴퓨터 시장을 장악해나가기 시작했다. 일각에서는 어머니의 인맥을 이용했다는 점을 들어 그의 성공을 폄하하곤 하는데, 이는 그가 시련을 견뎠기에 가질 수 있는 대가였다. 합작 계약을 체결할 당시 IBM에서 불리한 조건을 요구해왔지만, 게이츠는 IBM의 제안을 모두 받아들였다. IBM에서 막대한 사업 자금을 투자 받은 게이츠는 세계 최고의 컴퓨터회사를 만들겠다는 자신의 목표를 달성할 수 있었다.

승자는 해결책을, 패자는 핑계를 찾는다

오늘날 수많은 사람들이 빌 게이츠처럼 성공하지 못하는 이유는 무엇일까? 그들의 능력이 게이츠에 미치지 못한 탓일까? 아니면 그들의 야심이 부족한 탓일까? 그도 아니면 시장을 분석하는 통찰력이 부족한 탓일까? 사실은 전혀 그렇지 않다. 누구나 게이츠처럼 강자가 될 수 있다. 이들이 실패하는 진짜 이유는 역경에 처했을 때 자신의 지혜를 총동원하려고 노력하기보다는 주변 환경을 원망하며 핑계 대기에만 급급한 탓이다. 이런 태도는 자신이 처한 상황을 위로받고자 하는 어린 아이의 심리 그 이상도 이하도 아니다.

패자들은 이구동성으로 말한다.

"이렇게 된 건 내 잘못이 아니야. 내가 어디 실수 따위를 할 사람이냐고. 단지 운이 나빴을 뿐이고 환경을 잘못 만난 탓이야."

이처럼 실패의 원인을 외부로 돌리며 핑계를 대는 이유는 심리적인 위안을 얻기 위해서다. 현실 도피는 일시적으로 심리적 안정을 줄 수 있다. 하지만 현실 도피 행위는 시간이 경과할수록 점차 익숙해지고, 결국 다른 사람의 충고나 도움을 더는 귀담아 듣지 않게 된다. 현실 도피에 익숙해진 사람들은 역경이 성장의 동력이 된다는 사실을 외면하게 되고, 문제 해결 능력이 현저히 떨어지게 된다. 이러한 상황에서 설상가상으로 시련이 닥치면 완전히 무너지고 마는 것이다.

결론적으로 승자와 패자의 차이는 아주 작은 데서 시작된다. 승자는 역경이 닥쳤을 때 해결 방법을 연구하고 패자는 핑계를 찾는다. 패자가 자신을 위로하는 방식은 아버지가 딸을 사랑하는 방식과 닮았다. 세상의 모든 아버지들은 딸이 아프지 않기를 바란다. 세상의 풍파에서 딸을 보호하기 위해 전전긍긍하며, 딸이 티끌만한 시련도 겪지 않기를 바란다. 딸에게 무슨 문제라도 생기면 당장 달려가서 딸을 보호하려고 안간힘을 쓴다.

패자의 핑계가 그럴싸할지도 모른다. 하지만 세상은 매사에 핑곗거리를 만들어내는 사람을 반기지 않는다. 패배주의에 젖은 이들에게 차가운 시선을 던질 뿐이다. 당신이 과거에 실패할 수밖에 없었던 이유를 매일 아침 되뇌며 자기 합리화에 골몰해 있다면, 이런 핑계들은 서서히 내면에서 굳어진다. 당신 안으로 깊숙이 침투한 핑계는 당신을 겹겹이 에워싸서 영원히 벗어날 수 없게 만든다.

장기간 글로벌 기업의 컨설팅을 해오면서 나는 다음과 같은 결론에 도달했다.

"성공을 바라지 않는 사람은 없다. 그러나 모든 성공에는 고통이 수반된다. 공격하지 않으면 어떤 장벽도 뛰어넘을 수 없고, 전쟁을 치르지 않고 승리할 방법은 없다. 성공하고 싶은 사람은 불리한 상황에서도 해결책을 찾으려 노력해야 한다. 세상은 핑계만 대는 사람을 결코 환영하지 않는다."

밀림과 같은 현실 세계에 뛰어든 사람들이 게임의 묘미를 즐기려면, 잠재력을 계발할 수 있는 지점을 포착하는 데 전력을 다해야 한다. 일상이 순조롭지 않다고 해서 핑계를 대고, 핑계가 더한 역경을 불러오는 악순환에서 벗어나야 한다. 역경에 직면했을 때 해결책을 찾는 과정에서 내면의 잠재력을 끌어낸다면, 인생의 역경은 성공의 기점으로 탈바꿈해 있을 것이다.

적극적 사고는 역경에 대처하는 최고의 무기다

역경이란 무엇일까? 역경은 심리적 혹은 신체적 에너지가 바닥에 떨어진 상태를 말한다. 스스로 밑바닥에 떨어졌다고 느끼는 사람들은 상황이 자신이 원하는 것과는 전혀 다른 방향으로 흘러간다는 절망에 휩싸인다. 현재의 상황을 헤쳐 나갈 방법은 고사하고 한치 앞도 보이지 않는다. 인체와 관련된 비유를 들자면 역경은 감기에 걸린 상태와 같다. 감기를 앓고 난 후 새삼 건강의 소중함을 깨닫게 되듯, 역경은 우리의 현재 상태를 점검하는 계기가 된다. 역경은 다음의 사실을 일깨워준다.

· 당신의 어떤 부분이 부족하다
· 당신의 어떤 부분이 잘못되었다
· 당신의 노력이 좀 더 필요하다

이런 식의 상황 인식은 계획의 수정으로 이어지게 된다. 이때, 비로소 역경은 당신이 처한 현실적 오류를 해결하는 지침이 된다.

나와 스미스는 이런 내용의 대화를 나눈 적이 있다.

"컨설턴트로서 우리의 목표는 사람들이 일상에서 미적 체험을 할 수 있도록 돕는 데 있다고 생각하네. 나는 보다 많은 사람들이 일을 통해 인생의 아름다움을 느끼기를 바라. 매일 아침 아주 사소한 변화에 환호하고, 역경이 찾아왔을 때 도전하는 용기를 갖도록 도와주는 것이 우리의 임무라고 믿네."

적극적인 사고방식을 온전히 자신의 것으로 만들었을 때, 일상이 가져다주는 아름다운 감각을 발견할 수 있게 된다. 자신감이란 사실 그 후에 저절로 형성되는 것이다. 이런 사람들의 주위에는 항상 사람들의 발길이 끊이지 않는다. 적극적인 사고는 긍정의 에너지를 내뿜고 이것이 다시 사람들을 끌어 모으기 때문이다. 적극적으로 사고하는 사람은 다음의 특징을 갖는다.

· 시야는 앞을 향하고 미래를 전망한다. 지나간 일에 미련을 버린다.
· 해결책을 모색하고, 스스로 격려하며 불평하지 않는다.
· 잠재 능력의 최대치를 발휘하며, 역경 앞에서 의기소침하거나 체념하지 않는다.

적극적 사고방식을 지닌 사람은 인생의 밑바닥에 직면했을 때 어떻게든 자신을 성장시킨다. 적극적으로 생각하고 행동하는 사람은 인생의 행복지수도 높다. 반면, 소극적인 사람들은 매사 풀이 죽어 있거나 나약한 인상을 풍긴다. 소극적 성향은 이들을 구석으로 몰아넣어 아무 것도 할 수 없게 만든다. 이들의 머릿속은 현실을 회피하고자 하는 생각으로 가득하다. 이전에 나는 한 청년에게 이런 충고를 해준 적이 있다.

"소극적으로 사고하기 시작하는 순간, 투지는 사라진다네. 그러다 역경이 닥치면 알 수 없는 분노와 짜증에 휩싸여 어쩌다 이런 지경에 놓이게 되었는지조차 생각나지 않게 될 걸세. 그러다보면 주변 사람들에게 비난의 화살을 돌리게 되고, 매사 불쾌감에 사로잡히지. 결국에는 어떤 일이 벌어지는 줄 아는가? 신체 건강에도 악영향을 미쳐서 각종 질병에 시달리게 된다네. 나는 이런 사례를 자주 접해봐서 그 폐해를 잘 알고 있지."

당신이라면 적극적 사고와 소극적 사고 중 어떤 사고를 하며 살고 싶은가? 대답은 자명하다.

적극적 사고와 소극적 사고는 둘 다 습관에 의해 형성된다. 한 실험에 따르면 부정적인 뉴스를 100번 이상 반복해서 들은 사람은 나쁜 소식을 듣지 않아도 눈물을 흘렸다. 이런 식의 경험이 계속되면 극단적인 비극주의자가 된다. 실험의 결과를 반대로 적용해보자. 긍정적인 소식을 자주 접하고 긍정적 사고방식으로 일처리를 하며, 낙관적 태도로 사람들을 대하면 어떨까? 당신의 본성도 적극적이고 낙관적인 방향으로 바뀔 것이다.

'그런데 낙관적인 사람들이 과연 세상을 놀라게 한 적이 있었던가?' 혹자는 이런 의문을 품을지도 모른다. 벤은 인터뷰에서 이런 말을 한 적이 있다.

"내가 사람들의 사고방식을 바꾸려고 노력하는 이유가 뭔지 아십니까? 생각의 방향이 바뀌면 운명이 달라지기 때문입니다. 당신을 성장시키는 사람도, 망치는 사람도 결국 당신입니다. 당신의 생각을 바꾸지 않는 이상, 어느 누구도 당신을 바꿔놓을 수 없습니다."

그렇다면 적극적 사고는 우리를 어떻게 바꿔놓을까? 첫 번째로, 적극적 사고는 주어진 환경을 새롭게 인식하게 한다. 외부 환경의 좋고 나쁨은 그것을 어떻게 받아들이는가에 따라 달라진다. 적극적 사고방식을 지닌 사람의 시야에는 그가 처한 환경과 상관없이 성공할 수 있는 요소가 도처에 가득하다. 그러나 소극적 사고방식의 소유자에게는 주변이 온통 실패를 부르는 요소로 가득 차 있다.

적극적 사고의 두 번째 위력은 성격을 변화시킨다는 데 있다. 어디에서, 어떤 모습으로 태어날지를 결정할 수 있는 사람은 아무도 없다. 하지만 어떤 사고를 하며 살아갈지는 누구나 결정할 수 있다. 인간의 성격은 태어날 때부터 결정되는 것이 아니다. 적극적으로 사고하는 훈련을 통해 충분히 성격을 변화시킬 수 있다.

적극적 사고방식은 어떻게 길러질까? 위대한 성과를 이룩한 인물들을 인생의 롤 모델로 삼아 이들의 적극적인 사고를 모방하라. 예를 들어, 자수성가한 기업인이 당신의 롤 모델이라면 알리바바의 창업주 마윈을 모방하면 된다.

실수를 대하는 태도가 그 사람을 말해준다

역경은 사소한 실수에서 비롯되는 경우가 많다. 실수를 했을 때, 사람들은 크게 3가지의 반응을 보인다.

1. 실수를 인정하고 교훈을 찾는다

이런 태도가 몸에 밴 사람은 어떤 일을 하건 성공할 가능성이 상당히 높다. 나는 교육생들에게 항상 이런 태도를 강조한다. 실수에서 교훈을 찾는 태도는 잘못을 개선하는 강력한 기제로 작용해, 같은 실수의 반복을 원천적으로 차단해준다.

2. 실수를 인정하되, 한 귀로 듣고 한 귀로 흘린다

이들은 비평을 받아들이긴 하되, 자신의 행동을 수정하거나 개선하는 좌표로 삼지 않는다. 따라서 다음번에도 같은 실수를 되풀이하게 된다. 이들은 업무를 할 때 종종 목석처럼 유연하지 못한 태도를 보인다. 자신의 실수에 아무런 반응을 보이지 않는 경우도 있다. 이들의 유연하지 못한 태도는 상사의 지적을 불러와 서서히 자존감을 좀먹는다.

3. 실수를 인정하지 않고 남의 탓으로 돌린다

가장 악질적인 형태다. 자신의 잘못이 분명한데도 핑계를 찾기에 급급하다. 객관적인 요인만 강조할 뿐, 실수의 원인을 찾으려 하지 않는다. 모든 문제의 원인을 외부에서 찾으려 들며, 핵심이 되는 원인에서 겉돌기만 한다. 따라서 항상 같은 실수를 되풀이한다. 이런 태도는 나약함의 결과이기도 하며, 대다수의 사람들이 이런 태도를 보인다. 문제가 발생했을 때 사람들이 가장 선택하기 쉬운 1순위가 현실 도피이기 때문이다.

세상에는 실패의 원인을 찾는 대신 변명과 자기 합리화로 일관하는 이들이 적지 않다. 이런 사람들에 대해 동료 벤은 이렇게 말했다.

"기업체 대상의 교육에서 내가 만난 사람들 중 십중팔구는 자신이 저지른 잘못에 대해 어떤 책임도 지지 않으려 하더군요. 심지어 자신의 실수가 얼마나 어처구니없는 짓인지를 전혀 개의치 않는 사람들도 있었어요. 이들은 항상 책임의 화살을 남에게 돌리고, 회사나 환경을 탓하더군요. 장담하건대 이런 사람들의 내면은 바스라지기 쉬운 유리와 같아서 아무런 시련도 없이 탄탄대로를 걷는다고 해도 결코 자신이 원하는 바를 성취하지 못할 겁니다."

5년 전 실수를 '쿨'하게 인정한 루스벨트 대통령

미국 대통령 루스벨트가 1912년 뉴저지주에서 열린 집회에 참가했을 때의 일이다. 교육 수준이 낮은 지역의 주민을 대상으로 한 집회에서 그는 주 연방의 선거에 여성들이 적극적으로 동참해줄 것을 요구했다. 이때 한 여성이 돌발 질문을 던졌다.

"잠시만요! 지금 당신의 주장은 5년 전에 했던 주장과는 다르잖아요?"

순간 루스벨트의 등 뒤로 식은땀이 흘렀다. 5년 전의 기억이 불현듯 떠올랐던 것이다. 하지만 루스벨트는 여성의 질문을 피하는 대신, 솔직하게 대답했다.

"맞습니다. 저는 5년 전에 실수로 지금과 다른 발언을 했습니다."

이런 그의 태도는 청중들에게 강한 인상을 주었다. 과거의 실수를 숨기려고 옹색한 변명을 늘어놓는 다른 정치인들과 달리, 그는 대중

앞에서 자신의 실수를 인정했다.

　실수를 피해갈 수 있는 사람은 없다. 세상에 완벽한 인간은 존재하지 않기 때문이다. 사람들은 일반적으로 누군가 실수를 저질렀을 때 그가 잘못을 인정하고 잘못을 고치기를 바란다.

　"이번 일은 당신의 명백한 실수입니다. 다음에는 이런 실수를 되풀이하지 않기를 바랍니다."

　하지만 체면을 중시하는 사람들은 실수를 저질러놓고도 끝까지 발뺌한다.

　"내가 아니라면 그만이지, 감히 누가 뭐라고 하겠어?"

　사람들은 체면을 구기지 않겠다는 일념 하에 순순히 잘못을 인정하지 않는다. 잘못을 인정하는 순간 다른 사람들에게 무시를 당할 거라는 두려움이 앞서기 때문이다. 그들은 끝까지 자신이 옳다고 주장한다. 때로는 상대와의 심각한 대립도 불사한다. 물론 당사자가 끝까지 오리발을 내민다면 누구도 그의 털끝 하나 건드릴 수 없다. 그러나 이런 태도는 논쟁과 원망의 불씨를 남길 뿐이다.

　이유 여하를 막론하고 자신의 실수를 숨기기에 급급한 사람은 결국 자신의 이미지에 막대한 손상을 입는다. 당신이 자신의 실수를 어떻게 인식하고 있는지는 중요하지 않다. 한번 사람들의 뇌리에 박힌 이미지는 결코 쉽게 바꿀 수 없다. 차라리 자신의 실수를 과감히 인정하는 태도를 보인다면, 어느 정도의 손해를 감수해야 하겠지만 그보다 훨씬 더 값진 인생의 자산을 얻게 될 것이다.

"과연 나한테 손톱만큼의 허물도 없었을까? 혹시 내 체면을 구기지 않으려고 억지를 부리고 있는 것은 아닐까?"

당신 스스로 이런 질문을 던졌을 때 머뭇거리게 된다면 즉시 잘못을 시인하는 것이 바람직하다. 자존심을 버리고 과감히 실수를 인정하는 사람은 '진정한 자존감'을 인정받게 될 것이다.

힐튼호텔을 다시 찾은 방문객이 가장 먼저 느끼는 것

우리는 항상 같은 돌부리에 걸려 넘어지며, 같은 실수를 반복한다. 벗어나고 싶어도 결국 같은 운명을 되풀이하는 현상은 아무리 이해하려고 해도 쉽지 않은 일이다.

미국 보스턴에서 제조 공장을 운영하는 하워드 역시 불만스러운 표정으로 이렇게 말했다.

"지난번 회의에서 분명 작업상의 실수에 관한 논의를 했고, 직원들 모두 좋은 아이디어를 냈습니다. 그런데 왜 모두들 같은 실수를 반복하는 걸까요?"

하워드 외에도 세상의 모든 사장들이 직원의 실수에 대해 이런 의문을 품고 있다. 인간은 실수 복사기라고 해도 지나친 말이 아니다. 아무리 조심한다고 해도 언제나 같은 지점에서 헛발질을 하는 상황은 좀처럼 막기 어렵다.

"같은 실수를 두 번만 반복하는 직원은 거의 없어요. 대부분의 직원들이 같은 실수를 세 번, 네 번, 혹은 그 이상 되풀이하죠. 제 얘기를 들은 지인들은 실수를 되풀이하는 직원을 해고하면 되지 않느냐고 물어요. 그런데 새로 고용한 직원에게도 여전히 같은 문제가 반복되는 걸 보면 직원을 해고하는 게 능사가 아니에요."

하워드는 생산 라인을 여러 해 동안 관리하면서 이런 사례를 수도 없이 겪었다고 한다. 실수의 반복 패턴은 생산 현장에서 벌어지는 골칫거리 중 가장 큰 걸림돌이었다. 반복되는 실수 때문에 정해진 기한 내에 제품을 납품하기가 어려워진 적이 많았기 때문이다.

직원들은 복제라도 한 듯 똑같은 실수를 반복하고 있었다. 그가 나서서 이들의 오류를 바로잡은 후, 새롭게 인력을 배치하고 나면 다음번 검수 과정에서 역시 동일한 실수가 터져 나왔다. 하루가 멀다 하고 반복되는 실수 탓에 그는 현장 관리자로서의 자신감마저 잃어버린 지 오래였다. 그는 직원들이 구제불능이라는 결론에 도달했으며, 직원들에게 아무런 기대도 하지 않게 되었다. 그는 하소연하듯이 내게 말했다.

"같은 실수를 두 번 다시 반복하지 않겠다는 마음을 버리지만 않는다면, 이런 상황은 얼마든지 개선할 수 있지 않습니까?"

그러나 안타깝게도 대부분의 사람들은 결코 두 번째 실수를 피해 갈 수 없다. 극소수에 해당하는 이들만이 같은 실수를 저지르지 않는데, 우리는 이들을 '밀림 세계의 강자'라고 부른다.

세계 정상급 호텔의 경영자인 콘래드 힐튼이 도쿄로 가던 비행기 안에서 우연히 기자를 만났다. 힐튼을 한눈에 알아본 기자는 이런 질문을 던졌다.

"전 세계 사람들이 힐튼호텔의 눈부신 성장 비결을 궁금해하고 있습니다. 당신만이 가진 특별한 경영 비법이 있으신가요? 당신의 성공 신화를 인생의 롤 모델로 삼고 있는 젊은이들에게 어떤 조언을 해주고 싶으세요?"

그는 기자의 단도직입적인 질문에 우회적인 답변을 들려주었다.

"만약 당신이 도쿄에 착륙한 후, 힐튼호텔에서 하룻밤 묵는다고 칩시다. 당신은 숙박하는 동안 크고 작은 불편을 느낄 수도 있지요. 불편을 느낀 당신은 호텔을 떠나면서 불편 사항을 건의하겠지요. 하지만 다음번에 우리 호텔을 다시 찾았을 때, 당신이 건의했던 불편 사항은 하나도 빠짐없이 개선되어 있을 겁니다. 고객에게 같은 불편을 다시 겪지 않게 하는 것, 이것이 바로 힐튼호텔의 서비스 전략이지요."

'경영의 신'으로 불리는 타이완의 왕용칭 회장의 경영 전략도 힐튼의 서비스 전략과 일맥상통한다.

"흔히 실패는 성공의 어머니라고 합니다. 하지만 내 생각은 좀 다릅니다. 지속적인 검토와 수정 과정을 거친 실패는 성공으로 이어지지만, 이런 과정을 소홀히 여기고 같은 실수를 되풀이한다면 실패는 또 다른 실패를 불러올 뿐입니다."

미국의 석유 재벌 폴 게티도 항상 직원들에게 이런 말을 했다.

"실수를 저지르는 건 잘못이 아닙니다. 하지만 같은 실수를 두 번 이상 저지르는 건 매우 부끄러운 일입니다."

누구에게나 첫 실수는 허용되어야 한다. 하지만 두 번째 실수는 결코 용서받기 어렵다. 두 번째 실수를 막기 위해서는 첫 번째 실수의 원인을 철저히 검토해보아야 한다.

나는 중요한 회의를 시작하기 전, 각 부서의 임원들에게 '실수 기록장'을 나눠준 적이 있다. 임원부터 말단 사원에 이르기까지 각자의 업무 과정에서 저지른 실수들을 기록하도록 하기 위함이었다. 그런 후에 이렇게 덧붙였다.

"여러분들에게 나누어준 이 노트는 실수에 대처하는 여러분의 태도를 반영하게 될 겁니다. 단순히 실수를 기록하는 것에 그쳐서는 안 되며, 철저한 자기 점검의 기록이어야 합니다."

실수가 두려운 당신에게 필요한 6가지 조언

나는 후배들을 교육할 때 항상 다음의 6가지 사항을 강조한다. 내가 강조하는 내용들을 강연의 형식으로 옮겨본다.

"첫째, 여러분은 얼마든지 실수를 해도 좋습니다. 실수는 피할 수 없는 것이고, 시련은 누구에게나 닥쳐오기 마련이니까요. 다만 같은 실수를 반복하는 것은 용서할 수 없습니다. 또한 실수를 했을 때 체면을 챙기느라 책임을 회피하거나 개선하려는 노력을 하지 않는 직원은 결코 용인할 수 없습니다.

둘째, 내 경험에 비춰보면 우수한 인재는 실수를 통해 자신을 성장시켜나갑니다. 여러분 자신이 업무 과정에서 저지른 실수를 통해 뼈아픈 교훈을 얻을 수도 있지만, 동료의 시행착오를 통해서도 값진 배움을 얻을 수 있습니다. 살아가면서 겪는 무수한 시련은 여러분의 삶에 귀중한 자양분이 된다는 사실을 명심하십시오.

셋째, 여러분은 자신의 일을 주체적으로 해나가도 좋습니다. 실수를 저지른다고 해도 그 누구도 여러분을 다그치거나 책임을 묻지 않을 겁니다. 실수를 통해서 용기와 담력을 키워나갈 수 있기 때문입니다. 동료나 상사에게 떠넘기지 않고, 스스로 문제를 해결해나가는 과정에서 문제 해결 능력과 담대한 대응 방식을 익힐 수 있게 됩니다.

넷째, 실수를 극복하는 열쇠는 '실수를 얼마나 빨리 인식하고 인정하느냐' 하는 것입니다. 여러분이 만약 실수를 저질렀다면 즉시 재발 방지 대책을 마련해야 합니다. 재발 방지 대책은 철저히 실수의 본질에 입각해야 하며, 체면에 얽매이지 말아야 합니다. 그래야만 같은 실수를 되풀이하지 않게 됩니다. 실수에 대한 책임에서 벗어나기 위해 안간힘을 쓰는 직원에게 회사는 결코 어떠한 명분도 허락하지 않는다는 사실을 잊지 마십시오.

다섯째, 실수를 통해 교훈을 얻지 못하는 사람들을 나는 환영하지 않습니다. 문제를 숨기기에 급급한 사람을 용서한다는 것은 이들이 같은 실수를 두 번 저지르도록 방치하는 것과 다를 바 없기 때문입니다. 매번 비슷한 패턴의 실수를 반복하는 사람이 있다면 자신이 구제불능이라는 사실을 입증하는 것입니다.

여섯째, 회사의 사활이 걸린 사업일 경우, 나는 한 점의 실수도 허락하지 않습니다. 하지만 이런 경우에 회사는 여러분이 주의할 점에 대해 충분히 알려줄 것입니다. 여러분들은 아직 중대한 사업상의 실수를 만회할 능력이 없기 때문이죠. 여러분이 오직 업무에만 집중할 수 있는 환경을 조성하고, 실전 경험을 쌓을 수 있도록 회사는 최선을 다해 도울 것입니다."

좌절 앞에서 고개를 숙이는 사람은 실수를 딛고 일어날 수 없으며, 어떤 문제도 해결하지 못한다. 이들은 결정적으로 자신의 실수에서 어떤 교훈도 찾아내지 못한다. 이런 직원들에게 회사는 다람쥐가 쳇바퀴를 돌리듯이 단순한 업무만 허락할 뿐, 업무 능력을 향상시킬 중요한 업무는 맡기지 않는다. 오늘날 모든 기업이 이런 기준으로 인력을 배치한다는 사실은 재론의 여지가 없다.

걸어 다니는 '실수 복사기'가 되지 않으려면

낙관적인 태도를 가진 사람들은 역경이 닥쳤을 때도 최소한 자신을 보호할 갑옷은 입고 전쟁터에 나가는 셈이다. 낙관적인 태도는 자존감을 잃거나 심리적인 타격을 입었을 때, 휘청거리지 않게 해준다.

낙관적인 사람은 실수를 했을 때 이렇게 말한다.

"이 상황에서 도망칠 수는 없어. 나는 이런 부분이 취약하지만, 이번 기회에 단점을 보완하면 다음번에는 더 잘 대처할 수 있을 거야."

자신의 단점을 더 이상 방치하지 않겠다는 의지가 있다면, 누구나 당신이 저지른 실수를 너그럽게 용서해 줄 것이다. 누구나 처음에는 실수를 한다. 실수투성이였던 인생의 1막이 끝날 즈음에야 우리는 비로소 같은 실수를 다시 하지 않게 되며, 뜻하지 않은 시련에 보다 노련하게 대처할 수 있게 된다.

같은 실수를 반복하고 싶지 않다면 다음의 4가지를 염두에 두라.

1. 실수의 요인을 집요하게 파악하라

문제의 발생 요인은 무엇인가? 개인적 요인인가, 외부 환경의 요인인가? 실수의 모든 요인을 나열한 후, 명확히 분석하라. 문제의 본질을 외면해서는 안 된다.

2. 실수를 보완하기 위한 전략을 수립하라

보완 전략을 수립한 후에는 전략을 여러 단계로 세분화하라. 당신이 세운 전략은 결코 탁상공론식의 망상에만 머물러서는 안 된다.

3. 정서적 차원에서 문제에 접근하라

같은 실수를 되풀이하게 되는 심리적 원인이 무엇인지 파악하고, 이를 해결하라. 실수의 근원이 무엇인지 파헤친 후에 견고한 심리적 방어선을 쌓아야 한다.

4. 빈번이 발생하는 실수에는 특단의 조치를 취하라

같은 실수가 연거푸 발생하는 일을 차단하기 위해서는 첫 실수에서 얻은 교훈과 경험치를 바탕으로 강력한 대처 방안을 수립해야 한다. 어떤 일을 추진하건 문제가 발생하는 것을 막을 수는 없다. 중요한 것은 문제가 발생한 이후에 어떤 식으로 대처하는가에 있다.

이상 4개 항목을 참고해 실수에 대처하는 자신만의 원칙을 세우라. 실수를 통해서 우리가 얻게 되는 교훈은 결코 무의미한 것이 아니다.

역경에 부딪혔을 때 기억해야 할 4가지

❶ 역경은 피할 수 없다

역경은 심신의 에너지가 바닥에 떨어진 상태를 뜻한다. 역경은 누구에게나 찾아온다. 역경을 피하려 애쓰지 말고, 자신이 역경에 처해 있음을 있는 그대로 받아들이라. 인정은 극복의 첫 걸음이다.

❷ 역경을 성장의 동력으로 삼으라

승자들은 참고 견디는데서 나아가, 역경을 발판삼아 성공을 일궈낸다. 역경을 통해 현재의 상태를 점검하고, 문제점이 있다면 고쳐나가라.

❸ 핑계대지 말고 해결책을 찾으라

역경이 닥치면 패자는 핑계를 대지만, 승자는 해결책을 모색한다. 해법을 찾는 과정에서 내면의 잠재력을 끌어낸다면 역경은 성공으로 탈바꿈해 있을 것이다.

❹ 같은 실수를 되풀이하지 말라

누구나 처음에는 실수를 한다. 그러나 반복되는 실수는 인생의 역경을 만들어 낼 수도 있다. 실수의 요인을 파악하고 대처 방안을 수립해, 같은 실수를 되풀이하지 않도록 주의하라.

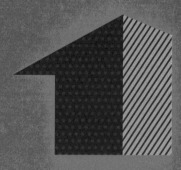

준비된 행운

무심코 지나치는 순간에 기회가 숨어 있다

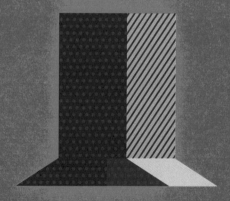

같은 TV 뉴스를 본 두 청년의 운명은?

몇 년 전, 로스엔젤레스 동부 지역에서 있었던 두 청년의 에피소드를 소개하고자 한다. 이들은 같은 해 프린스턴대학교를 졸업한 친구 사이로 연령, 가정환경, 학벌, 인맥, 경제상황도 서로 비슷했다. 두 청년은 TV 뉴스를 함께 시청하게 되었는데, 로스엔젤레스의 한 기업이 신제품 개발에 성공해, 제품의 대량 생산을 앞두고 있다는 소식이 등장했다. 시장의 판로 개척이 현실로 다가온 상황에서 이 기업은 자금상의 어려움을 겪고 있었기에 사업을 함께 키워나갈 동업자를 찾고 있다고 했다. 기업이 내건 합작 방식은 주식을 상장한 후에 이사회를 설립하는 것이었다. 공동 이익금을 나누는 것은 추후에 결정할 문제였다.

두 청년 중 한 사람인 A는 현재 자신의 처지로는 거액의 투자 자금을 마련할 방법이 없으므로, 일단 열심히 돈을 번 후 다음 기회를 노리는 것이 낫겠다고 생각했다. 반면 B는 이런 기회가 다시 오지 않을 거라고 생각했고, 사방으로 뛰어다니며 자본금을 구하기 시작했다. 결국 계획했던 액수의 자금을 마련한 그는 해당 기업 이사회의 주주가 되었다.

몇 년 후, B는 투자액을 모두 상환한 것은 물론이고 막대한 이윤을 챙겼다. 그가 투자한 기업은 성장을 거듭했고, B는 젊은 나이에 재벌이 되었다. 현재 그는 경제 관련 강연회나 TV프로그램에 출연하는 유명인사다.

행운의 여신은 누구에게나 공평하게 손을 내민다. 하지만 각기 다른 선택이 인생의 갈림길을 만든다. 기회가 눈앞에 다가왔을 때 주저하는 사람은 행운을 다른 이에게 양보하는 셈이다. 인생에서 어떤 기회는 다음에 다시 잡을 수 있다. 하지만 어떤 기회는 평생에 단 한 번만 허락된다. 눈앞에서 이를 움켜쥐지 못한다면 평생 다시 만날 수 없다.

스미스는 이렇게 말했다.

"유대인은 기회의 속성이 찰나에 지나간다는 데 있다고 생각했다. 몇 초, 혹은 몇 분의 순간을 놓치고 나면 다시는 기회의 그림자조차 잡을 수 없다. 그러므로 기회를 포착했을 때 과감히 움켜쥐어야 한다."

때로 기회는 능력보다 결정적인 성공의 요인이 된다. 능력은 부단한 학습으로 얻을 수 있지만, 기회는 얻고 싶다고 해서 얻어지는 것이 아니다. 순간적으로 방심하는 사이에 기회는 신기루처럼 빠져나가 버린다는 사실을 명심하라. 적절한 시기를 파악하는 눈썰미는 능력과 직결된다.

수만 분의 일의 확률을 뚫은 힐튼

힐튼은 뉴욕행 기차표를 예매하는 걸 깜박 잊고 말았다. 더구나 그 날은 크리스마스 이브 저녁이었다. 힐튼 말고도 뉴욕으로 가려는 수 많은 이들이 기차표를 구하지 못해서 발만 동동 구르고 있었다. 힐 튼의 아내는 기차역에 전화를 걸어 도움을 요청했다.

"오늘 저녁에 뉴욕으로 가는 기차표를 구할 방법이 없을까요?"

역무원은 대답했다.

"모든 표가 매진입니다. 그날 무슨 일이 있어도 뉴욕으로 가야 한 다면 기차역으로 직접 나와보세요. 누군가 출발 직전에 기차표를 취 소하는 경우도 있으니까요. 수만 분의 일의 확률이긴 하지만요."

힐튼의 아내는 이 말을 듣고 체념했지만, 힐튼은 당장 가방을 들 고 나섰다. 수만 분의 일의 기회를 포기하지 않기로 한 것이다. 그의 아내가 물었다.

"표를 취소하는 사람이 아무도 없으면 어쩌려고요?"

"표를 구하지 못하면 그냥 집에 돌아오면 되지요."

힐튼이 빙그레 웃으며 답했다.

그는 기차역으로 나가서 표를 취소하는 사람이 나타날 때까지 오랜 시간을 기다렸다. 출발 시간이 다가오자 승객들은 짐을 들고 삼삼오오 플랫폼으로 향했다. 힐튼은 그때까지도 포기하지 않고 플랫폼 주변을 맴돌았다.

출발 시간을 약 5분 남겨놓았을 때, 마침내 행운의 여신이 그를 찾아왔다. 한 여인이 표를 취소하고 다음 기차를 타기로 한 것이다.

힐튼은 천신만고 끝에 기차표를 손에 쥐고 무사히 뉴욕에 도착했다. 그는 호텔에 들어가서 아내와 전화 통화를 했다. 그리고 이렇게 말했다.

"여보. 나는 끝까지 기회를 포기하지 않았어요. 덕분에 기차표를 구할 수 있었던 거예요!"

기회를 보는 힐튼의 관점을 보여주는 일화가 하나 더 있다. 미국의 경기가 하향곡선을 그릴 때 수많은 기업이 파산 신청을 했다. 이시기, 힐튼은 한 제조업체에 근무하고 있었다. 모두가 경제 불황을 걱정할 때, 그는 지금이야말로 사업상의 기회임을 직감했다.

그는 그동안 모은 자금을 모두 쏟아부어, 저가로 시장에 나온 제품들을 구매하기 시작했다. 사람들은 헐값에 내놓아도 아무도 거들

떠보지 않는 제품을 대량으로 구입하는 힐튼을 보며 손가락질을 했다. 하지만 그는 사람들의 비아냥거림에도 아랑곳하지 않고 창고까지 임대해서 제품들을 쌓아두었다.

그의 아내는 근심어린 얼굴로 물었다.

"여보, 왜 물건들을 쌓아놓기만 하는 거죠? 이제 모아 놓은 돈도 거의 다 떨어졌어요. 아이들 교육비도 대야 하는데 대체 어쩔 셈인 거예요? 이 물건들을 다 팔지 못하면 우리는 조만간 길바닥에 나앉게 될 거라고요!"

그는 아내를 위로하며 이렇게 말했다.

"여보, 불안해도 나를 믿고 두 달만 참아주세요. 두 달 후에는 이 물건들이 우리를 부자로 만들어줄 거예요."

하지만 두 달 후 시장의 상황은 힐튼의 예측을 벗어났다. 공장마다 가득 쌓인 제품들은 여전히 판로를 찾지 못했고, 처치 곤란인 제품을 소각하는 사람들마저 나타났다. 이 소식을 접한 그의 아내는 불안에 떨었다. 하지만 힐튼은 아내를 안심시키며 조금도 동요하지 않았다.

얼마 후, 경제 불황을 더 이상 방치할 수 없다고 판단한 미국 정부는 즉각 조치를 취했다. 제조업 공장의 파산을 막기 위해 시장의 판로 개척을 적극 지원하기로 한 것이다. 하지만 대부분의 공장은 이미 제품을 헐값에 내놓거나 소각해버려, 창고에 제품이 거의 남아있지 않았다. 마침내 힐튼이 저가로 사들였던 제품의 가격이 폭등하기 시작했다. 그는 즉시 창고에 쌓아두었던 제품들을 시장에 내놓았고, 막대한 이윤을 벌어들였다.

서둘러 제품을 처분하는 힐튼을 보며 아내가 물었다.

"여보, 조금 천천히 팔아도 되지 않을까요? 가격이 계속 오르고 있는데 왜 이렇게 급히 파는 거죠?"

힐튼은 담담한 얼굴로 이렇게 말했다.

"하루라도 빨리 팔아치워야 해요. 하루 이틀이라도 지체했다가는 막대한 손해를 보게 될지도 몰라요."

힐튼의 말대로 그가 모든 제품을 매각하자 공산품의 가격은 다시 하락하기 시작했다. 힐튼은 이때 모은 자금을 이용해 미국 내에 여섯 군데의 백화점 사업에 투자했다. 그의 사업은 나날이 번창했고, 그는 미국에서 가장 유명한 재벌이 되었다.

힐튼의 성공 비결은 눈앞에 다가온 기회를 놓치지 않고 적절한 시기에 이용하는 판단력이었다. 기회가 왔을 때 우물쭈물하며 망설였다면 행운은 다른 이의 손으로 넘어갔을 것이다. 인생의 전환점이 될 타이밍을 정확히 포착한 것이 그의 최대의 성공 비결이었다.

살다보면 누구에게나 기회가 온다. 하지만 대부분의 사람들은 기회를 맞이할 준비가 제대로 되어 있지 않다. 하지만 현실은 냉혹하다. 한 번 지나간 기회는 다시 오지 않는다. 만반의 대비를 해 놓고도 기회를 포착하는 능력이 없다면 당신이 준비해 온 모든 노력은 순식간에 퇴색되고 만다.

기회가 당신 주변을 맴돌고 있다고 느꼈을 때 재빨리 손을 뻗으라. 우유부단하게 망설이다 보면 기회는 사라진다.

능력은 있는데 운이 없다는 말은 변명이다

자신의 불우한 처지를 항상 원망만 하던 젊은이가 있었다. 그의 호주머니에는 동전 한 닢 들어있지 않았으며, 그를 도와줄 친구도 없었다. 어느 날, 그는 용기를 내어 유명한 부자를 찾아갔다. 조언을 얻고 싶다는 말에 부자는 대문을 열어주며 물었다.

"혹시 자네도 부자가 되는 비결이 궁금해서 찾아왔나?"

"네. 근데 그걸 어떻게 아셨죠?"

"나를 찾아와서 부자가 되는 비결을 물어보는 청년들이 한 둘이 아니라네. 요즘 젊은 친구들은 하나같이 능력은 있는데 운이 따라주지 않을 뿐이라고 생각하더군. 하지만 내가 볼 때 자네는 이미 부자가 될 재산을 지니고 있는데 무엇 때문에 늘 원망만 하는가?"

"부자가 될 재산이요? 대체 그게 어디 있단 말씀이시죠?"

"자네에겐 두 개의 눈이 있지 않은가? 그 중의 하나만 내게 팔면 어떤가? 값은 얼마든지 쳐주겠네."

"안 돼요! 절대 눈을 팔 수는 없습니다."

"알겠네. 그럼 자네의 두 다리를 팔면 어떻겠나? 돈은 원하는 만큼 주겠네."

"안 됩니다. 다리를 잃고 싶지는 않아요."

젊은이는 소스라치며 펄쩍 뛰었다. 그리고 이렇게 덧붙였다.

"만약 제게 두 눈과 두 다리가 없다면 아무 일도 할 수 없잖아요."

"옳은 말일세. 두 눈이 있는 한, 자네는 무엇이든 배울 수 있고 두 다리가 있는 한, 어디든 갈 수 있고 어떤 일이든 할 수 있지. 이제 부자가 될 재산을 자네 눈으로 똑똑히 확인했겠지? 내가 부자가 된 비결도 바로 이것이네."

부자와의 만남 후 그는 자수성가해 부자가 되었다.

눈만 뜨면 주어진 현실에 불만을 토로하거나, 능력은 있지만 운이 따라주지 않는다고 한탄하는 이들은 영원히 다른 사람의 뒤를 따를 뿐이다. 불만과 한탄에서 벗어나는 것이야말로 주어진 환경에서 벗어나 승자가 되는 유일한 지름길임을 망각해서는 안 된다.

눈앞의 물고기를 보고도 물지 않는 악어들

커다란 수족관에 악어를 풀어 넣고 한동안 먹이를 주지 않는 실험을 했다. 며칠 후, 수족관 중간에 투명유리판을 설치했다. 배가 고픈 악어들은 유리판 너머로 물고기들이 유유히 헤엄치는 모습을 보자마자 이들을 향해 돌진했다. 투명유리판에 부딪혀 물고기를 잡을 수 없었지만, 악어들은 아랑곳하지 않았다. 악어들은 포기하지 않고 몇 차례 시도를 거듭했지만, 여전히 물고기는 '그림의 떡'이었다. 번번이 실패하자 제풀에 지친 악어들은 유유히 헤엄치는 물고기를 보고도 더 이상 돌진하지 않았다. 얼마 후, 실험자는 설치했던 유리판을 제거했다.

배고픈 악어들은 과연 물고기를 손쉽게 잡아먹었을까? 그러나 결과는 놀라웠다! 악어들은 물고기들이 지느러미를 흔들며 헤엄치는 장면을 빤히 보면서도 돌진하지 않았다. 실패의 기억이 물고기를 잡아먹으려던 악어의 투지를 빼앗아 갔기 때문이다.

사람도 마찬가지다. 수차례 가혹한 시련을 겪고 난 사람들은 기회가 찾아와도 쉽게 단념하고 만다. 도전 정신과 투지가 사라진 이들에게서 진취적 기상을 찾아보기는 쉽지 않다. 의지가 꺾인 사람에게는 극도의 자기 분노와 허망한 눈빛만 남는다. 실패를 거듭하는 사람들은 항상 이런 말을 입에 달고 산다.

"내 능력은 충분했어. 운이 따라주지 않았을 뿐이야."

당신도 만약 이런 변명에 익숙해져 있다면 성공은 더욱 요원해진다. 능력은 충분한데 운이 없다는 핑계를 대는 사람들은 자신의 운명을 개척할 용기가 없음을 스스로 시인하는 셈이다. 방안에 처박혀서 행운의 여신이 찾아오기만 기다리는 사람들은 패자의 낙인을 거부할 수 없다. 이들은 자기 손으로 운명의 기회를 일구기보다는 누군가 자신의 잠재력을 발견해주기를 바라며, 행운이 제 발로 자신의 대문을 두드리길 바란다.

그러나 행운의 여신은 행동하는 사람을 좋아한다. 제자리걸음만하는 사람에게 행운의 여신은 좀처럼 모습을 드러내지 않는다. 책상머리에 앉아서 이론과 원칙만 따지지 말고 세상으로 나가서 온몸으로 부딪쳐라. 성공과 행운의 기회는 당신의 몫이 될 것이다. 기회의 열매는 스스로 움켜쥐는 것이지, 기다리고 있으면 저절로 떨어지는 것이 아니다.

남들이 안 하는 일에 뛰어들어야 하는 이유

패자들이 왜 실패를 거듭한다고 생각하는가? 자신의 마음에 드는 일만 골라 하려는 경향이 만족스럽지 못한 결과를 만드는 것 아닐까? 타인의 시선에 흔들리지 않고 남들이 보잘것없다고 여기는 분야에 과감히 뛰어드는 용기야말로 성장의 원동력이다. 약자는 절호의 기회를 번번이 눈앞에서 놓친다. 절호의 기회가 왔을 때 이를 능동적으로 포착하는 것은 언제나 강자다.

그렇다면 좋은 기회는 어디서 찾을 수 있을까? 사람들이 우르르 몰리는 곳에서는 기회를 찾을 수 없다. 기회는 남들의 발길이 잘 닿지 않는 외딴 곳에 있다. 모험을 즐기는 사람들이 성공의 기회를 얻는 이유다.

남이 하기 싫어하는 분야가 있다면 과감히 뛰어들어도 좋다. 아마 성공이 눈에 보일 것이다. 세계적으로 성공을 거둔 인물들이 괄목할 만한 성과를 거둔 비결도 바로 여기에 있다. 그들은 남들이 꺼리는 일을 마다하지 않았다. 남들이 감히 도전하지 못하는 분야에도 성큼 발을 내딛었다.

알리바바 그룹의 회장 마윈은 말했다.

"성공하려면 남들은 할 수 없지만 오직 나만이 할 수 있는 일 혹은 남들보다 좀 더 잘할 수 있는 일을 해야 한다. 하지만 이것은 실제로 쉬운 문제가 아니다. 현대사회는 어떤 학문이나 기술에도 쉽게 접근할 수 있으므로, 내가 할 수 있는 일은 누구나 할 수 있는 일인 경우가 대부분이다.

하지만 남이 마다하는 일에 뛰어든다면 그 분야는 희망을 품어도 좋다. 나의 경험에 따르면 모든 사람들이 좋아하는 일에는 절대 도전해서는 안 된다. 예를 들어, 수많은 기업이 올림픽 후원 사업에 참여한다면 이번에 당신은 빠지는 것이 좋다. 누구나 달려드는 분야에는 이미 당신보다 훨씬 월등한 능력을 가진 실력자들이 포진해 있기 때문이다. 이런 경쟁에서 당신이 이길 확률은 극히 낮다."

기회, 잡기 전에 안전한지 따져보라

성공을 위해 편법을 사용하거나 한탕주의에 현혹된다면 짧은 시일 내에 효과를 얻을 수는 있다. 동료보다 빨리 출세를 하거나 남보다 많은 자산을 거머쥘지도 모른다. 하지만 부정한 방법으로 쌓아 올린 성과는 한순간 무너지기도 쉽다.

2000년, 쑤 씨는 정든 고향을 떠나 상하이上海로 향했다. 당시 중국에서는 인터넷 붐을 타고 인터넷 관련 회사들이 우후죽순으로 설립되고 있었다. 당시에는 어느 누구도 이런 과열 현상이 거품일 거라고는 생각하지 못했다.

그는 이렇게 회고했다.

"그때는 중국 경기가 너무나 좋았지요. 사방에 보이는 나무마다 투자하려는 사람들이 돈 보따리를 들고 한 명씩 올라가 있다고 농담할 정도였으니까요. 어떤 사업이든 손을 뻗기만 해도 호박 넝쿨처럼 돈이 와르르 쏟아졌죠. 특히 인터넷 관련 사업에 손을 대면 잭팟이 터지듯 돈다발이 굴러들어 왔어요. 바보도 인터넷 사업에서는 돈을 벌지 않을 수 없었죠."

당시 쑤 씨에게는 돈의 유혹을 뿌리칠 이유가 전혀 없었다. 그는 인터넷 관련 회사를 설립했다. 상하이에서 가장 비싼 빌딩에 번듯한 사무실을 얻었다. 사무실을 개원하던 첫날, 그는 안락한 의자에 엉덩이를 깊숙이 밀어 넣은 채 이렇게 말했다.

"우리 회사를 반드시 굴지의 기업으로 키우고 말겠어!"

그러나 얼마 지나지 않아 회사의 자금 회전에 문제가 생겼고, 인터넷 사업 역시 거품이 빠져나갔다. 결국 회사는 파산했고, 그는 빈털터리가 되었다. 그에게는 돈다발 대신 거액의 채무만이 남았다.

울며 겨자 먹는 심정으로 다른 회사의 말단 사원으로 취직했다. 쥐꼬리만 한 월급을 아끼고 아껴 꼬박꼬박 채무를 갚아나갔다. 그러나 밑 빠진 독에 물 붓기와 다를 바 없었다. 무엇보다 쑤 씨는 실패에서 아무 교훈도 얻지 못했다. 그는 구태의연한 사고방식에 젖어서 여전히 한탕주의를 꿈꾸었다.

몇 년 후 빚을 갚고 가까스로 사업 자금을 모은 그는 또다시 부동산 붐에 편승했다. 대기업의 건축 사업을 하도급 업체에 넘기는 과정에서 발생하는 수수료로 자산을 모았다. 처음 1, 2년간은 적지 않은 돈을 벌었으며, 곧이어 재벌의 대열에 접어들었다. 쑤 씨는 다시

상하이에 비싼 저택을 사고 가정을 꾸렸다. 사람들은 그가 돈 버는 재주를 타고났다고 믿었으며, 그의 곁에는 재력가들이 모여들어 상류사회의 사교모임을 조직했다.

그로부터 몇 년이 흘러 중국에서는 인터넷 쇼핑 관련 사업들이 새롭게 호황을 맞이했다. 쑤 씨는 한탕주의에서 벗어나지 못하고 상당한 액수의 자금을 인터넷 쇼핑몰 사업에 투자했다. 그는 전자 상거래 기업인 알리바바의 성공을 지켜보며 이렇게 큰소리쳤다.

"마윈도 하는데 나라고 못할 리가 없지!"

그는 이번이야말로 일생일대의 기회라고 확신했다. 인터넷 쇼핑몰에서 상품을 구입하는 사람들이 늘어나고 있었기 때문이다.

하지만 그의 예상은 빗나갔다. 그가 운영하는 전자 상거래 사이트는 개설 이후 한 푼의 영업 이익도 내지 못한 채 손실금만 수억 위안으로 불어났다. 그는 결국 파산 직전에 사이트 운영을 접었다. 애써 자신을 위로하며 그는 이렇게 말했다.

"이 정도에서 그쳐서 다행이죠. 몇 개월 더 했다면 아마 거리에 나앉았을 겁니다."

그가 얻은 교훈은 무엇이었을까? 그의 대답은 의외로 솔직했다.

"사업을 시작할 때는 유행을 좇지 말아야 합니다."

절호의 기회가 왔을 때 이를 낚아채는 것은 물론 중요하다. 하지만 기회가 안전한가를 잘 따져보고 행동해야 한다.

어리석은 잔꾀가 중요한 기회를 망친다

지난 해, 나와 스미스를 당황하게 한 기억이 있다. 우리는 중요한 계약을 앞두고 관건이었던 지불 방식에 관해 상대 회사의 대표와 미리 상의해 두었다. 하지만 계약 장소에 도착하기 전, 상대 회사의 담당자가 전화를 걸어와 지불 방식에 대해 다른 이야기를 꺼내기 시작했다. 순간 나는 이번 계약이 순조롭지 않을 거라는 예감이 들었다.

과연 담당자와의 통화가 끝나고 몇 분이 채 지나지 않아, 상대 회사의 사장이 전화를 걸어 왔다. 사장은 지불 방식에 관해 협상할 여지가 남아 있는지를 물었다. 상대 회사 담당자는 자신감이 넘친 나머지, 사장에게 전화를 걸어 이번 계약에 대한 섣부른 기대를 갖도록 한 것이다. 그리고 모든 성과를 자신의 공으로 돌릴 생각이었던 것이다. 담당자의 속셈을 간파한 나는 상대 회사 사장에게 우리의 입장을 전달했다.

"죄송합니다만 이번 계약의 담당자를 바꿔주셨으면 합니다. 지불 방식에 관해서는 이미 쌍방이 동의한 것으로 알고 있습니다만, 계약 담당자는 연거푸 다른 의견을 피력하고 있어 계약 진행에 차질이 있습니다."

그러자 사장은 매우 겸연쩍은 목소리로 이렇게 답변했다.

"알겠습니다. 이번 일은 저희 측의 실수이니 제가 알아서 처리하겠습니다."

우리는 전화를 끊고 나서 계약 담당자를 호텔로 안내했고 예의를 갖추어 환대해주었다. 융숭한 환영회를 마친 다음날 아침 9시, 상대 회사 사장에게 전화가 왔다. 사장은 그날 오후에 새로운 담당자가 도착할 예정이며, 이번 계약이 순조롭게 성사되기를 바란다고 전해왔다. 또한 경솔한 행동을 서슴지 않았던 협상 담당자는 빨리 본국으로 복귀하도록 지시했다. 계약을 망칠 뻔했던 그의 행동에 대해 회사 차원의 징벌이 뒤따를 것임을 쉽게 짐작할 수 있었다.

누군가의 성실성을 알고 싶다면 그의 일처리 방식과 그가 사람을 대하는 방식을 보면 된다. 잔꾀는 작은 일에서는 통할 수 있지만 큰일을 그르칠 수도 있다. 기회가 왔을 때는 진지한 태도로 임해야 한다. 어떤 경우에도 진실과 진지한 태도가 우선되어야 함을 잊지 말라.

확률의 주사위에 전부를 걸지 말라

행운은 누구나 원하는 하늘의 축복이다. 하지만 누구나 행운의 여신의 초대를 받는 것은 아니다. 모든 사람들이 1등 당첨을 꿈꾸며 로또를 구입하지만, 대다수의 복권용지는 휴지조각이 되고 만다.

행운 중에서도 확률이 극히 적은 사건을 '기적'이라고 부른다. 행인이 건네준 복권 한 장이 1등에 당첨되어 하루아침에 벼락부자가 되거나, 얼굴도 모르는 먼 친척의 사망 후 거액의 유산을 상속받는다면 당신은 기적의 주인공이 된다.

영화 속 한 장면 같은 행운이 어느 날 문득 당신에게도 다가올 거라고 기대하는가? 하지만 그런 기적이 현실에서 벌어질 확률은 극히 낮다. 이성적인 사유 방식의 소유자라면 행운에 초연해져야 한다. '막연한 기대'가 아니라 '고군분투의 노력'에 방점을 찍으라. 땀 흘려 밭을 일굴 생각은 하지 않고 호박이 넝쿨째 굴러오기만을 바라는 사람에게 성공은 영원히 남의 이야기다.

증권 거래소나 경마장 주변에서 확률 게임에 목숨을 거는 사람들이 정신적으로 얼마나 피폐한지 관찰해보라. 중독성 게임에 빠져 인생을 탕진하는 사람들의 인생을 추적 관찰한 결과, 하나의 공통점이 발견되었다.

경마나 복권을 통해 인생 역전을 이룬 사람들 중 90% 이상은 놀랍게도 이전의 궁핍했던 생활로 되돌아갔다. 천문학적인 숫자에 가까운 큰돈을 2~3년 내에 물 쓰듯이 써버리고는 다시 빈털터리가 된 것이다. 행운의 여신은 그들의 창문으로 들어왔다가 대문으로 빠져나갔다. 미신에 가까운 확률 게임에 인생을 거는 사람들이 맞이하는 최대의 비극은 자신을 부정하고 행운에 의지한다는 것이다.

"행운은 항상 내 편이야. 이번에는 꼭 당첨될 것 같은 예감이 들어."

현실이 최악임에도 이들은 또 다시 확률의 주사위를 던진다. 그리고 이번만큼은 행운의 여신이 자신의 편이 되어줄 거라는 터무니없는 자만심에 빠진다. 이런 심리는 자신의 모든 것을 한탕주의에 던져버리는 결과를 가져온다.

도박에서 돈을 딸 확률은 행운의 여신이 주사위를 굴려줄 확률과 같다. 정말 운이 좋아서 이기는 사람들도 있지만, 거의 대부분은 쪽박을 차는 신세가 된다. 평생 힘들게 모은 돈을 도박이라는 불구덩이에 던져서야 되겠는가?

기회를 잡은 CEO의 비밀 1
: 고객과 시장

기회를 포착해 자기 것으로 만든 이들은 어떤 사람들이었을까? 나는 컨설턴트로서 수많은 CEO들을 만났다. 나는 컨설팅했던 CEO들에게 크게 2가지를 권유한다. 그중 첫째는 바로 고객과 시장의 중요성을 명심하라는 것이다. 기업의 발전을 좌우하는 건 고객과 시장이지, 인맥과 자산이 아니다. 이와 관련해 마윈은 자신의 생각을 명확하게 밝힌 바 있다.

"기업은 지름길을 찾지 말고 열심히 일해야 한다고 생각합니다. CEO가 바라봐야 하는 대상은 오로지 시장과 고객뿐이니까요. 나는 머릿속으로 오로지 고객만 생각하고, 시장의 변화에만 관심을 갖습니다. 이 2가지만이 기업의 미래를 보장해주기 때문입니다."

마윈은 오늘날 기업을 운영한다는 것이 쉽지 않은 일이라고 말했다. 실패할 확률이 너무 높고, 성공하는 기업은 겨우 몇 손가락 안에

꼽히는 것이 현실이기 때문이다. 그는 이렇게 덧붙였다.

"기업을 경영하는 일은 아이를 낳아 기르는 것과 같습니다. 아이를 낳기는 쉽지만, 바르게 키우기는 어려운 것과 다를 바 없지요. 특히 떡잎부터 될성부른 아이를 낳아 기르는 일은 더더욱 쉽지 않습니다. 여러분이 사업을 하고 싶다면 관련 부처에 가서 사업자 등록을 하면 그만이지만 사업을 한다는 것, 특히 전망 있는 사업을 경영한다는 것은 실로 쉽지 않은 일입니다."

나 역시 마윈의 관점에 동의한다. 수많은 경영인들이 자신의 기업이 얼마나 실력이 좋은지 끊임없이 외부에 과시하고, 화려한 배경과 인맥을 자랑한다. 하지만 막상 이들과 합작을 진행하다 보면 실상은 속빈 강정과 다를 바 없음을 발견하게 된다.

기업이 가장 좋아하는 먹이는 무엇일까? 그것은 고객과 시장이다. 사업 분야를 막론하고 고객과 시장의 변화를 읽는 데 자신의 모든 열정과 자원을 쏟아부으라.

버지니아주에 가전제품회사를 연 다이아나는 나를 찾아와서 눈물을 흘리며 하소연했다.

"제 사업은 고작 4개월도 유지하지 못하고 파산하고 말았어요."

다이아나는 재기를 도와 달라면서 금융회사에 융자를 받아다 달라고 요청했다. 하지만 나는 면담이 끝난 후에 그의 요청을 거절했다. 그의 생각이 바뀌지 않는 한, 다시 도전한다고 해도 재기는 꿈도

꿀 수 없다고 판단했기 때문이다.

대학 시절, 다이아나는 인기가 많았다. 실력 있는 친구들과 25세라는 젊은 나이에 이미 회사를 설립했으며, 회사를 경영할 때도 친구들의 도움을 많이 받았다. 시장의 판로 개척은 물론이고 시장 분석까지 일일이 친구들의 손을 거쳤으며, 때론 알고 지내는 정부 인사들에게 사업 정보를 넘겨받기도 했다.

그의 회사는 단명할 수밖에 없는 운명을 자초한 셈이었다. 막강한 배경은 일시적으로 기회처럼 보일 수도 있지만, 결과적으로 재앙을 불러왔다. 고객과 시장에 관한 본질적인 이해가 부족했기 때문이다. 그는 언제 폭발할지 모르는 폭탄이 장치된 채로 항해를 시작한 셈이다.

나는 그에게 마지막 충고를 들려주었다.

"당신의 사고방식은 매우 위험합니다. 기업은 오직 고객을 기반으로 모든 신경을 시장의 흐름에 맡겨야 합니다. 사업을 경영할 때는 배경보다는 시장을 선점해야 하고, 가장 매력적인 인맥은 바로 고객이라는 사실을 간과해서는 안 됩니다."

기회를 잡은 CEO의 비밀 2
: 돈의 흐름

CEO가 명심해야 할 두 번째 키워드는 바로 '돈의 흐름'이다. 사람들은 어째서 황금 알을 낳는 아이템에만 죽자고 매달리는 걸까? 안타깝게도 이런 사람일수록 몇 년 후에 빈털터리로 전락하는 경우가 대부분이다. 돈을 쫓아 불나방처럼 헤매는 사람들은 왜 결국 아무것도 손에 쥐지 못하는 걸까? 그들은 진정한 성공의 비결을 외면한 채 부가가치가 높은 종목만 찾아 헤맨다. 문제는 여기서 비롯된다. 그렇다면 대체 어떤 사업이 돈을 잘 벌 수 있으며, 어떤 종목이 소비자의 관심을 끌 것인가?

아마도 대부분의 사람들이 이구동성으로 이렇게 대답할 것이다.

"요즘 가장 호황을 누리는 사업은 부동산업이야. 전자 상거래도 전망이 좋으니까 기업인이라면 누구나 탐낼 만한 분야가 틀림없어."

하지만 이런 정보는 누구나 알고 있다. 또한 이미 자신의 분야에서 활동하고 있는 사업가들이 갑자기 종목을 변경하기는 쉽지 않다. 20년 동안 IT사업에 종사한 사람이 어느 날 갑자기 부동산업에 손을 댄다는 것은 현실적으로 불가능한 일이다. 아무리 부동산업이 황금알을 낳는 유력 사업이라고 해도 이런 정보는 참고 사항 그 이상도 이하도 아니다.

그렇지만 유망 사업 정보도 의미가 있다. 현재 활황기에 접어든 종목을 통해 자신이 종사하는 사업의 미래를 어떻게 전망할 것이며, 어떤 방식으로 이윤을 창출할 것인지에 관한 해답을 찾을 수 있다.

이런 문제에 대한 간단한 대답을 내놓자면 자금 전환이 신속하게 이뤄지고, 하이테크놀로지를 다루는 사업이 요즘은 가장 빨리, 가장 많은 돈을 벌게 해준다. 당신이 경영하는 회사의 자금 회전이 빠르게 이루어지며, 보유한 기술력이 다른 업체보다 월등히 높다면 시장의 돈은 마치 자석처럼 당신을 향해 달려들 것이다. 이는 사업 분야를 불문하고 적용 가능하다.

돈의 흐름이 원활하다면 높은 이윤은 저절로 따라온다. 이것이 안정궤도에 접어들면 돈을 버는 속도는 갈수록 빨라진다. 돈의 흐름은 하루아침에 터득할 수 있는 것이 아니라 꾸준한 공부가 필요하지만, 일단 그 중요성을 깨닫는 것부터 시작해야 한다. 자금 회전의 연결고리를 이해한 당신에겐 미리 축하를 보내고 싶다. 성공으로 가는 길목에서 가장 좋은 목을 선점한 셈이기 때문이다.

일생일대의 기회를 찾는 3가지 방법

❶ 사소한 기회도 허투루 버리지 말라

무심코 지나치는 곳에도 기회가 숨어 있다. 평소에 사소한 것에도 주의를 기울여야 한다.

❷ 기회의 타이밍을 포착하라

인생의 전환점이 될 타이밍을 포착하고, 즉각 행동하라. 우유부단하게 망설이다 보면 기회는 사라진다.

❸ 기다리지 말고 기회를 찾아 나서라

기회는 마냥 기다리고 있으면 저절로 찾아오는 것이 아니다. 적극적으로 기회를 찾아보라. 이때, 남들이 마다하는 분야를 주목하라. 경쟁자들이 적은 의외의 블루오션을 발견할 수도 있다.

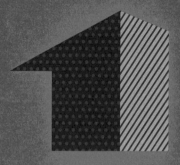

일보후퇴

때로는 한 발 물러나는 게 유리하다

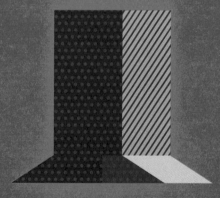

세계 정상급 재벌들이 일보후퇴하는 이유

워싱턴에서 서비스업에 종사하는 업체들의 연합 미팅 석상에서 어느 회장이 이런 말을 했다.

"기업은 성장할 수도 있고, 시장에서 퇴출될 수도 있다. 이것은 기업을 운영하는 사람의 숙명이다. 하지만 합리적인 방식을 채택한다면 이런 숙명에서 벗어날 수 있다. 비결은 바로 투기성 사업을 하지 않는 것이다."

지금 추진하는 사업이 성공할 확률이 0에 가깝다면 가장 현명한 전략은 후퇴다. 이것은 최소한 당신이 탄 배가 가라앉는 것을 막아준다. 물론 사업가의 자존심에 상처를 낼 수는 있겠지만, 그를 벗어날 수 없는 파멸의 구렁텅이로 밀어 넣지는 않는다.

매년 뉴욕 맨해튼의 고층 빌딩에서 투신자살한 사람들에게는 공통점이 있다. 평소 공격적인 투자 혹은 투기에 탐닉하거나 유달리

자존심이 세다는 점이다. 일보 후퇴의 전략을 담담하게 받아들였다면 이들의 운명은 달라졌을 것이다.

최근 세계 정상급 재벌들은 체면을 내려놓고 잘못된 점을 개선하기 위해 노력하고 있다. 공격적인 투자 일변도에서 벗어나 일보 후퇴의 전략을 채택한 셈이다. 이들은 기존의 사양 사업이나 투기성 전략에 대한 유혹을 버리고, 현실의 이익을 보존하는 데 주력하고 있다.

중국의 시먼즈기업은 컬러 TV 생산 라인을 없애고 원래의 핵심 사업에만 집중하기로 결정했다. 펩시콜라 역시 프랜차이즈 외식 사업에서 물러났다. 일보후퇴 전략을 통해 경쟁력을 높이려는 기업이 늘어나는 이유는 '하면 된다'는 필승의 정신이 역효과를 가져왔기 때문이다.

현실은 냉혹하다. 사업은 정형화되고 규격화되어 성공 신화의 사례 역시 갈수록 줄어들고 있다. 성공할 확률은 턱없이 낮고, 유례가 없는 불황이 지속되고 있다. 행운만 믿고 하루아침에 '일확천금'을 벌겠다는 허황된 꿈은 더 이상 발붙일 곳이 없다.

돈을 벌고 싶다면 과거의 성공 신화에서 벗어나야 한다. 환상에서 깨어나지 않는 한, 당신 호주머니에 든 몇 푼의 돈마저 공중분해 되기 십상이다.

"진격하라!"만 외치는 장수는
승전보를 울리기 어렵다

'지는 것이 이기는 것이다'라는 말에 사람들은 쉽게 동의하지 못한다. 로스엔젤레스의 투자재무 관련 기업에 근무하는 로빈슨은 이렇게 말했다.

"손해를 볼 줄 알면서도 사업에 뛰어드는 사람이 있나요? 제 생각에 그런 사람은 바보나 다름없습니다."

그의 생각은 개인적 경험에서 비롯된 것이다.

"제 뼈아픈 경험에 따르면 사소한 손해에 무덤덤해질 경우, 동료들이 저의 영업실적을 가로채거나 인사고과에 나쁜 영향을 받아도 저항하지 않게 됩니다. 그러면 저의 권위는 사라지고 모두에게 무시당하게 되지 않겠어요? 이런 식으로 일이나 사업을 한다면 실패는 불을 보듯이 훤하겠지요."

그의 말을 듣고 나는 그가 단기간의 이해득실에 연연하지 않고 거시적인 안목을 갖출 필요가 있다고 판단했다.

"당신은 자신의 문제를 알아야 합니다. 당신은 로스엔젤레스에서 산 12년 동안 1년에 11개월 반 이상을 죽어라 일만 하고, 휴식은 거의 갖지 않았어요. 지난 12년 동안 당신은 무엇을 얻었습니까? 아무리 금전적 이익에 대한 욕망이 강렬하고, 모든 것을 치밀하게 계산을 해야 직성이 풀린다고 해도 그것이 당신의 트라우마를 없애주지는 못해요. 당신의 습성은 끊임없이 무엇인가를 움켜쥐게만 할 뿐, 세상의 다른 길을 찾도록 도와주지는 못하기 때문입니다. 당신은 매 순간 손해를 보지 않으려고 전전긍긍하지만, 손해가 나쁜 것만은 아닙니다. 적절한 손해는 더 많은 깨달음을 얻게 해주고, 더 많은 경험을 통해 인생을 완성하도록 도와주거든요."

로빈슨의 최대 불행은 한 발 물러설 줄을 모른다는 것이다. 그는 오로지 앞만 보고 달리는 폭주 기관차와 같다. 진격의 명령밖에 내리지 못하는 장수는 승전보를 얻기 어렵다. 진격과 후퇴의 병법을 적절히 활용하는 장수만이 승리를 쟁취하게 된다.

승자들이 쓰는 일보후퇴의 전략이란 다음과 같은 것이다.

1. 지나치게 이익만을 따지지 말라

만인의 호감을 사려면 시시콜콜하게 이익을 앞세우는 대신, 이익을 협상의 기술로 활용하라.

2. 손해 자체가 목적은 아니다

다만 현재의 손익에 일희일비하지 말고 미래를 내다보는 거시적인 관점에서 이윤을 바라봐야 한다.

3. 이미지를 고려하라

자잘한 이익에 연연하지 않는 대범하고 호방한 이미지는 차후에 보다 폭넓은 비즈니스 관계를 위한 초석이 된다.

무작정 손해를 안 보려고 하는 것은 인생의 본질을 모르는 행동이다. '손해 보는 것이 남는 장사'라는 말의 이면에는 지금 당장의 손해는 미래를 위한 정당한 투자라는 심리적 전제가 깔려 있다. 지나치지 않는 범주 내에서 약간의 손해를 허락하는 유연한 태도는 미래의 행운을 불러오는 신호탄이 된다.

그럼에도 불구하고 손톱만큼의 손해도 허용하지 않으면서 이윤만 남기려고 안달복달한다면 그 결과는 씁쓸할 뿐이다. 이런 사고에서 벗어나지 않는 한, 어느 누구도 당신에게 단 한 발도 양보하지 않을 것이기 때문이다.

때론 손해와 희생이 이득을 가져다준다

중국 선전深圳에서 만난 어느 사업가는 그의 친구 이야기를 들려주었다. 그의 친구는 전자제품 수출업체의 사장이었다. 문화적 소양이 뛰어난 것도, 화려한 배경이 있었던 것도 아니었으나 맨 손으로 사업을 착실히 일군 입지전적인 인물로 주변사람들의 호평이 자자했다. 특히 사업을 운영하는 과정에서 어떠한 부정한 수단도 동원하지 않았기에 사람들은 그를 '성인'이라고 불렀다. 이런 평판이 쌓여 그의 사업은 날이 갈수록 탄탄대로를 달리고 있었다.

그는 친구의 성공 비결을 이렇게 소개했다.

"저는 친구를 존경합니다. 그에게 사실 별다른 성공 비결이 있는 것은 아니었어요. 동업자와 이윤을 나누는 방식이 약간 특이할 뿐입니다. 그 자신은 약간 손해를 보더라도 늘 사업 파트너에게는 큰 몫을 떼어주죠. 그는 이런 분배 방식에 주저함이 없습니다. 그럴 때는 마치 돈에 전혀 욕심이 없는 사람처럼 보이기도 합니다. 하지만 그는 사업 파트너에 대한 신뢰와 우정만큼은 목숨만큼 중요하게 여기는 사람이죠."

늘 이런 방식으로 비즈니스를 하다 보니 그와 한번이라도 함께 일해 본 사업 파트너들은 계속해서 우호 관계를 유지하려고 노력했다고 한다. 그와의 거래를 성사시키기 위해 인맥을 총동원한 사람들도 많다고 했다. 그를 찾는 거래처와 고객도 갈수록 늘어났다.

이런 식으로 성장과 발전의 가속도가 붙은 그의 사업은 어느새 안정궤도에 진입했으며, 그는 유명한 기업인으로 성장했다. 맨손으로 시작해 건실한 기업을 일군 그의 노력을 높이 평가한 은행권에서는 그가 자금이 필요할 때마다 발 벗고 나서서 저금리의 대출을 알선해주었다. 그의 친구들 역시 이자를 받지 않고 흔쾌히 자금을 빌려주곤 했다.

만약 당신 주변에 누군가 후한 평판을 받고 있다면 그는 손해 보는 것을 두려워하지 않으며, 눈앞의 이익에 일희일비하지 않는 사람이다. 하지만 장기적인 관점에서 보면 그는 막대한 이익을 얻는 사람이다.

남들은 불나방처럼 이익을 쫓아 몰려든다고 해도 당신은 이해득실 앞에서 담담함을 유지하라. 동업자의 이익 앞에 너그러운 사람은 모든 이들의 호감을 사게 될 것이다. 사업 파트너의 적극적인 호의를 이용한다면 당신의 사업은 눈부신 성장을 기대할 수 있다.

미국 제분회사의 대표였던 해리는 영업사원들에게 늘 이런 충고를 들려주었다.

"여러분, 세일즈를 잘하려면 제품을 팔겠다는 목적을 잠시 내려놓아야 합니다. 머릿속에 제품을 팔아야겠다는 부담이 가득하면 책임을 강요하게 될 수 있습니다."

목적은 잠시 망각해도 좋다. 목적을 고려하지 않고 모든 역량을 다른 사람을 위해 발휘할 경우, 좋은 결과를 얻을 수 있다. 사람들은 자신을 낮추고 희생할 줄 아는 사람을 좋아하며, 자신을 돕기 위해 노력하는 사람을 마다하지 않기 때문이다. 하지만 이타적인 마음가짐을 행동에 옮길 수 있는 사람은 많지 않다.

나는 항상 신입사원들에게 이렇게 말한다.

"매일 아침 업무를 시작하기 전에 항상 이런 생각을 해보시길 바랍니다. '오늘 하루 누군가를 돕기 위해서 나는 얼마나 노력할 것인가?' 전력을 다해 다른 사람을 돕는 이들의 일상은 그렇지 않은 경우보다 활기가 넘치게 됩니다."

베이징에서 열렸던 강연에서 설산을 등반한 두 사내의 이야기를 들려준 적이 있다.

"눈보라가 몰아치는 겨울, 두 명의 사내가 산을 오르고 있었습니다. 산 중턱에 오르자 기온은 급격히 떨어졌고, 눈이 30센티미터가

넘게 쌓여서 발걸음을 옮기기조차 힘들었죠. 두 사내는 갑자기 몰아닥친 추위에 당장이라도 얼어 죽을 것만 같았어요. 힘겹게 산을 오르던 두 사내는 눈 위에 누군가 쓰러져 있는 것을 발견했습니다. 만약 여러분이 이런 상황에 처했다면 어떤 선택을 하실 건가요?"

누군가 이렇게 말했다.

"그를 데리고 갈 체력이 된다고 판단되면 데리고 가고, 아니라면 안타깝지만 두고 가야겠지요."

"맞습니다. 한 사내는 그냥 내버려두고 가야 한다고 주장했어요. 남은 체력마저 떨어져가는 상황에서 죽어가는 남자까지 데리고 간다면 모두의 목숨이 위험해질지도 모르니까요. 결국 그 사내는 친구와 죽어가는 남자를 버리고 산을 내려갔답니다. 남은 사내는 혼신의 힘을 다해 죽어가는 남자를 등에 업고 눈보라를 헤쳐나갔어요. 두 사람은 서로의 체온 덕분에 목숨을 구할 수 있었어요. 무사히 산 아래로 내려온 이들의 눈에 발견된 것은 제 살 길을 찾아 떠났던 친구가 눈 위에 쓰러진 채 동사한 모습이었죠."

위의 사례에서 볼 수 있듯 희생이 반드시 비극으로 이어지지는 않는다. 희생은 우리의 예상과 반대로 좋은 결과를 낳기도 한다.

한 전략 전문가는 이렇게 말했다.

"강자는 희생을 통해 자신을 높이고, 이기심 앞에서 스스로 자신을 낮춘다."

수단과 목적을 가리지 않는 태도는
반드시 후회로 돌아온다

타인과의 경쟁에만 몰입한 나머지, 사람들은 때때로 수단과 방법을 가리지 않는다. 그러나 이런 태도 때문에 예상했던 결과에 못 미치는 성과를 얻는다. 심지어 제 스스로 무덤을 판 격이 되기도 한다.

1998년, 샌프란시스코에서 알게 된 한 학생이 내게 이메일을 보내왔다. 당시 나는 싱가포르 지사에 재직하던 중이었는데, 그는 컨설팅 분야에 상당한 관심을 보였다. 우리는 그 후에도 줄곧 이메일과 전화를 주고받으며 긴밀한 연계를 지속했다.

훗날 미국으로 돌아왔을 때 그는 우리 회사의 업무를 도왔으며, 매우 적극적으로 일에 매진했다. 하지만 그는 성격 면에서 약점을 여과 없이 노출하고 말았다. 그는 지나치게 개인의 공적을 내세웠고, 자신의 공적을 위해서라면 타인과의 약속도 밥 먹듯이 어기곤 했다. 나와 스미스는 목적을 위해서라면 수단과 방법을 가리지 않는 그의 태도를 염려하여 특별히 다음과 같은 조언을 해주었다.

"우리 회사는 어느 정도 공익성을 추구한다네. 완벽한 사기업과는 다르다는 뜻이지. 우리는 최고의 컨설팅 결과를 얻기 위해서 한 분기 영업 이익을 포기하는 경우도 종종 있다네. 장기적 차원에서 우리 회사의 컨설팅 품질을 저해하고, 회사의 이미지를 해치는 개인 공적 중심의 영업은 지양해주었으면 하네."

하지만 유감스럽게도 그는 우리 회사의 운영 방침에 끝끝내 동의하지 못하고, 개인의 성과를 위해 수단과 방법을 가리지 않았다. 결국 우리는 회의를 거쳐 그의 해고를 결정할 수밖에 없었다. 나는 그의 해고 배경을 이렇게 밝혔다.

"그는 수년 간 우리 컨설팅 기구의 홍보 사업을 진행하는 과정에서 대외적인 공익성을 위반하면서까지 자신의 '냉혈한' 이미지를 고수했다."

현대인들은 목적을 위해서라면 물불을 가리지 않는 습성을 보인다. 막대한 대가를 치르고 나서야 이러한 방향이 잘못되었음을 깨닫지만, 후회한들 아무 소용이 없는 일이다.

사회 초년생인 저우 씨의 사례는 젊은 날의 이상을 버리고 극단적 실용주의 노선을 고집한 안타까운 사례다. 명문 대학을 졸업한 저우 씨는 올해 28세의 청년이다. 비상한 두뇌와 탁월한 실력은 물론이고 용모 단정한 이미지 덕분에 학창 시절부터 수많은 이들의 선망을 받았으나, 학창 시절의 경험은 그에게 맹목적이고 낙관적인 가치관을 심어주었다. 그는 자신의 학창 시절을 이렇게 회고했다.

"학교를 졸업할 당시에 내 머릿속은 미래에 대한 이상과 포부로 가득했습니다. 성공에 대한 동경은 물론이고 세상에 불가능은 없을 것 같았지요. 이력서 한 장이면 대기업에서 서로 저를 채용하려고 달려들 거라고 착각할 정도였으니까요."

하지만 현실은 그의 이상을 산산조각냈다. 부동산 과열의 거품이 걷히며 중국의 경제는 급속도로 냉각되었고, 그는 혼자 살 집을 마련하기조차 힘들었다. 부모의 재력이 약하다는 이유로 여자 친구와도 이별을 해야 했다. 가까스로 취업한 중소기업에서도 사소한 실수로 해고당하는 등 불운이 연달아 닥쳐왔다. 자신이 한낱 '이상주의자'에 불과했다는 회한이 밀려왔다. 그리고 극단적인 실용주의자의 노선을 선택했다. 그는 수단과 방법을 가리지 않는 냉혈한의 모습으로 변해갔다.

과연 이처럼 극단적인 방법으로 성공을 손에 넣을 수 있었을까? 그는 타인과 관계를 맺을 때도 철저히 자신의 이익을 앞세웠다. 따라서 친구들과 진정한 우정을 나누지 못했다. 그의 처지를 위로하던 친구들도 하나 둘 떠나버리고 말았다.

그는 현실도피의 수단으로 막대한 경비를 들여 미국행을 선택했다. 현재 그는 로스엔젤레스의 어느 회사에서 말단 영업 관리를 맡고 있다고 전해왔다.

그는 이렇게 덧붙였다.

"현실은 학교 안에서 상상했던 것과는 전혀 달랐어요. 사회 초년 생 시절에는 누구나 좌절을 겪습니다. 하지만 좌절의 원인을 이상주의 탓으로 돌리고 가치관을 왜곡시켜서는 안 됩니다. 차근차근 경험을 쌓다보면 불확실한 좌절 역시 인생에서 반드시 거쳐야 할 단계에 불과하다는 사실을 깨닫게 될 것입니다."

젊은 날 극단적인 실용주의자가 될 경우, 다시는 돌이킬 수 없는 파멸의 길에 들어선다는 사실을 명심해야 한다.

포기해야 하는 순간에는 과감히 손을 떼라

이 글을 읽는 당신이 어떤 일을 하는지는 중요하지 않다. 다만 당신이 주의할 것이 하나 있다. 여의치 않은 시기에 새로운 일을 시작하는 것이나, 절호의 기회가 왔을 때 망설이는 것은 본질적으로 같은 문제를 낳는다는 사실이다. 반대로 절호의 기회에 과감한 시도를 하는 것과 불리한 상황일 때 물러나는 것 또한 같은 결과를 가져온다. 이 경우, 수익을 얻거나 최소한 위기에서 벗어날 수 있다.

3년 전, 헝크가 겪은 비극은 '모험주의'가 가져온 최악의 불행이었다. 젊은 시절, 헝크는 월 스트리트 증권가에서 일했다. 그는 축적된 경험을 바탕으로 투자회사를 설립했다. 그는 투자 종목을 연구하고 기업의 잠재 성장력을 분석하는 일에 최선을 다했으며, 공격적인 투자를 이어갔다. 그의 회사는 나날이 성장했고, 투자 종목들을 되팔아 4~8배의 이윤을 남겼다.

헝크가 말했다.

"처음에는 모든 투자가 순조로웠죠. 2005년에 10여 개의 투자 종목을 완성한 후에 20여 기업을 매니지먼트하게 되었어요. 당시에는 한 해 이윤만 500만 달러에 달했습니다. 저는 투자야말로 황금 알을 낳는 종목이라고 생각했고, 대규모 투자를 감행했습니다."

활황을 이어가던 미국 경제에 갑자기 불황의 그림자가 드리웠을 때도 그는 위기를 전혀 예측하지 못했다. 시장의 활력이 떨어지고 창업형 기업들이 줄줄이 도산했지만, 연방 정부는 수수방관으로 일관하고 있었다.

이런 상황에 아랑곳하지 않고 그는 다음해 투자액을 늘려갔고, 목표 수치도 높이 책정했다. 그것도 모자라 1,000만 달러의 사채를 끌어오기도 했다. 미팅 시간만 되면 '제2의 애플을 찾으라'와 같은 공격적인 구호를 남발했다. 그는 습관처럼 말했다.

"남들도 하는데 우리라고 안 되겠어?"

그의 경영은 이렇듯 공격 일변도였다. 고원의 배고픈 늑대처럼 맹렬한 기세로 전투적 경영을 해나갔다. 그는 마치 기계인간처럼 쉬지 않고 일에만 매달렸다. 자신의 가치관과 맞지 않는 직원들은 가차 없이 사표를 던지게 만들었다.

이듬해 봄, 헝크는 800만 달러를 지불해 3개의 기업을 매수했다. 헝크는 기업 매수가 미래의 2년을 보장해준다고 확신했기에 더욱더 막대한 자금을 지불했다. 실패할 경우 만회할 길이 전혀 없는 어마어마한 금액이었으나, 그는 자신만만했다. 그는 자신의 경영 스타일을 바꿀 마음이 전혀 없었다. 오히려 나를 찾아와서 더 많은 액수의 융자를 받을 수 있는 방법을 물었다.

나와 스미스는 금융권의 고문을 대동하여 그의 회사를 5주 동안 감찰했다. 하지만 미국 경제의 요동 속에서 그의 공격적인 투자를 긍정적으로 바라볼 수만은 없었다. 우리는 맨해튼의 금융 전문가를 소개시켜달라는 그의 요구를 단칼에 거절했다. 헝크는 불쾌한 감정을 숨기지 않았고, 나는 그 이유를 이렇게 설명했다.

"요동치는 경제상황 속에서 사업을 안정적으로 이끌어가고 싶다면, 이번 투자는 없던 일로 하는 게 좋겠습니다. 투자는 물론이고 이번 프로젝트 자체를 접을 것을 권합니다. 조용히 때를 기다리는 게 어떻습니까?"

하지만 헝크는 나의 충고를 받아들이지 않았다. 그의 야심은 끝이 없었다. 그는 오로지 성공을 향한 안테나만을 곤두세우고 전진하는 야심가였다. 후퇴의 전략 따위는 실패의 동의어로 인식하는 듯 했다. 설령 순간의 판단 실수로 지금까지 쌓아온 모든 것을 무너뜨리는 한이 있어도 그는 내 말에 귀를 기울이지 않았다.

그는 자신이 정한 목표를 향해 계속해서 불안정한 사다리를 타고 올라갔다. 결국 그의 회사는 돌이킬 수 없는 위기를 맞이했다. 그제야 헝크는 내가 그토록 말렸던 이유를 비로소 깨달았다고 한다. 다행인 것은 나의 지인을 통해서 매수 금액의 80% 선에서 그의 회사를 캐나다의 기업에 매각할 수 있었다는 점이다.

워싱턴에서 알게 되었던 벤의 이야기는 헝크의 사례와 정반대다. 벤은 매우 비상한 두뇌를 지녔으며, 일처리도 꼼꼼한 편이었고, 군말이 없는 사람이었다. 이것은 비단 업무 스타일에 국한 된 것이 아니라 그의 인생철학이었다.

그가 말했다.

"1%라도 실패할 가능성이 있는 사업에는 결코 섣불리 손대지 않는 것이 저의 사업 원칙입니다. 만약 어떤 업무를 진행하는 과정에서 20%가 넘는 리스크를 발견했다면, 신속히 그 사업을 점검한 후에 과감히 폐기처분합니다."

욕망은 인간의 본능이다. 성공하고 싶다면 이에 대한 경계를 늦추지 말라. 욕심이 당신을 부채질해도 이성적으로 판단했을 때 포기해야 하는 일에는 과감히 손을 뗄 줄 알아야 한다.

넘치지도, 모자라지도 않는 '중용'의 힘

어느 한쪽으로 편향되지 않는 '중용'의 자세는 강자의 필수 덕목이다. 현대에는 중용을 자기만의 기준을 지키는 태도로 확장해서 논하기도 한다.

워싱턴의 노련한 정치인들은 가장 합리적인 방법으로 가장 높은 사회적 지위에 오르는 방법을 터득한 사람들이다. 이들은 결코 위험한 곳에 발을 들여놓지 않는다. 중의원과 공화당 의원을 역임한 한 정치인은 이렇게 털어놓았다.

"핵심 정치권에 진입하고 싶다면, 먼저 능히 파악할 수 있는 직무를 맡아서 분석해야 합니다. 높은 지위에 오른 후에도 안주해서는 안 됩니다. 광명이 사라지기 전에 퇴로를 미리 확보해야 하지요."

그의 이야기를 들은 동료 스미스는 이렇게 대꾸했다.

"그건 아무나 할 수 있는 일이 아닙니다. 정치인은 매우 위험하고 도처에 위기가 만연해 있는 직업이죠. 그래서 정치인들도 우리에게 자주 자문을 요청해요."

정치인들이 편향에 치우치면 어리석은 행동을 저지르게 된다. 정권을 잡았을 때는 듣고 싶은 말만 듣고, 권력을 내려놓을 때는 눈과 귀를 막고 아무 말도 들으려하지 않는 것이다. 넘쳐나는 아첨꾼들에 익숙해진 정치인들은 자신의 위치를 까맣게 망각하며, 심지어 자신이 평범한 국민 가운데 한 명이라는 사실조차 잊어버린다. 하지만 정치인으로 성공하려면 반드시 눈을 뜨고 참혹한 현실을 직시해야 한다.

중용은 사업가에게도 필수적인 덕목이다. 사업가의 중용은 시장에서 기업의 위치를 정확히 선정하고 충동적인 심리를 절제하며, 사업이 안정적인 궤도 밖으로 이탈하지 않도록 경계를 게을리하지 않는 태도다. 목표에 접근했을 때 오히려 절제해야 하며, 목표를 이룬 후에는 점검을 통해 리스크를 방지해야 한다.

창업 초기에는 누구나 열정으로 충만하며 신중을 기하기 마련이다. 이 시기의 창업자들은 넉넉지 못한 자본금에 뒤를 봐주는 배후도 없이 혼자 힘으로 냉정한 현실 속에서 고군분투한다. 하지만 일단 성공의 열매를 맛본 후에는 상황이 급변한다. 특히 성공한 기업인으로 유명세를 타거나 하루아침에 일확천금을 거머쥔 경우에 초심은 온데간데없이 사라진다.

광저우-廣州의 한 사업가는 사업가들이 빠지기 쉬운 편향된 사고를 솔직히 털어놓았다.

"손에 큰돈을 쥐게 되자 마음이 바뀌더군요. 기고만장해진 나머지, 누구에게나 큰 소리를 치고 허세를 부렸죠. 걸핏하면 어디 크게 투자할 곳이 없나 두리번거렸어요. 세상 어느 재벌도 부럽지 않았고, 수백 만원 따위야 우습다고 생각했을 정도니까요. 나중에 사업의 자금줄이 묶인 후에야 비로소 문제의 심각성을 의식하기 시작했습니다."

성공을 거둔 후에는 자신의 지위가 급격히 높아진다. 그러다 보니 마치 자신이 전지전능한 신이라도 된 것처럼 착각하게 된다. 이런 망상은 협력 업체와의 약속을 지키지 않고, 관리 감독에 소홀하는 등 경영상의 문제로 이어지는 경우가 많다.

따라서 사업가들은 균형감각을 유지해 어느 한쪽으로 치우치지 않도록 노력해야 한다. 급변하는 환경 속에서 이성을 잃고 경거망동하는 일이 없도록 스스로 고삐를 단단히 움켜쥐어야 한다. 직장인들도 다를 바 없다. 성공이나 권력의 달콤함에 도취해 안하무인이 되지 않도록 스스로 경계해야 한다.

타인과 관계를 맺을 때도 중용이 필요하다. 타인과 적당한 거리를 유지하면서 자신의 위치를 분명히 정하라. 타인과 건강한 관계를 유지하려면 인간미 넘치는 사람이 되어야 한다. 인간미는 매우 폭이

넓은 개념이다. 인정을 포함하여 우정, 사랑, 상인 간의 도리, 동료 간의 화합은 물론이고 낯선 사람과 교제할 때의 예의와 도리도 인간 미에 속한다.

인간관계를 맺을 때는 교류하는 횟수, 정서적인 밀착 정도, 상호 이해도 등의 기준을 정하고 따를 필요가 있다. 어떤 사람들은 자신의 실력만 믿고 타인과의 관계를 등한시한다. 일상에서조차 혼자 있는 것을 좋아하고, 업무상 협업보다는 단독적인 일처리를 즐긴다. 하지만 동료와 고객, 친구로부터 정서적으로 완벽히 격리된 채 일처리에 완벽을 기한다는 것은 불가능한 일이다. 승자가 되고 싶다면 능력뿐 아니라 인간미로 인정받는 사람이 되라.

인간미 넘치는 사람이 된 후에는 자신의 위치를 분명히 정하는 데 힘써야 한다. 중요한 순간, 마지막 한 걸음을 남겨둔 상태에서 스스로에게 가혹해지라. 스스로에게 가혹해지는 것은 자신에게 훨씬 더 엄격한 잣대를 적용한다는 의미다. 자신에게 엄격한 잣대를 적용해 일처리에 완벽을 기한다면 어느 누구도 이의를 제기할 수 없는 강자가 될 수 있다.

균형 감각을 잃고 패자로 전락한 사람들

사업을 할 때 중용의 균형 감각을 잃는다면 구체적으로 어떤 결과가 빚어질까? 다음은 내가 컨설팅한 사업가와 직장인들 중 균형 감각을 잃어 실패한 사람들의 4가지 사례다.

1. 지나친 사업 확장으로 화를 부르다

필라델피아에서 기업을 경영하는 앵크스는 통한에 찬 목소리로 이렇게 말했다.

"인생을 살아가는 일이건, 기업을 경영하는 일이건 결국 현실을 벗어나면 안 된다는 사실을 나는 너무 뒤늦게 알아버렸어요. 과거 수년 간 나는 야심만만했고, 지나치게 사업의 확장에만 매달렸죠. 제품의 생산성을 높이고 신제품을 연구하기 위해 물불을 가리지 않고 앞만 보고 달렸어요.

그 과정에서 제품의 특정 기능을 확보하면 적지 않은 잠재 고객을 확보할 수 있다는 사실을 깨달았어요. 이 기능을 확보하려면 외부에서 엔지니어를 초빙해야 했는데, 여기에 들어가는 금액은 우리 회사 규모를 고려했을 때 상상을 초월할 정도였지요. 나는 아랑곳하지 않고 거액의 자금을 끌어 모았습니다. 하지만 눈덩이처럼 불어난 채무를 감당할 길이 없어졌어요."

만약 당신이 사업을 과도하게 확장하려 한다면 이는 당신이 기본적인 경영 능력을 상실했다는 증거가 된다. 좁은 골목으로 자신을 끝도 없이 몰아가다 보면 나중에는 멈추고 싶어도 멈출 수 없게 된다. 이런 상황은 결국 막다른 벽에 충돌한 후에야 비로소 끝이 나는 비극을 낳는다.

2. 동업자를 맹신한 나머지, 주도권을 상실하다

나를 찾아온 한 상담자는 자신이 실패한 이유를 이렇게 평가했다.

"나는 동업자를 지나치게 믿었어요. 크고 작은 계열사의 내부 사정을 동업자에게 시시콜콜 보고하는 것을 시작으로, 회사의 자금도 전적으로 동업자의 손에 의해 좌우되었죠. 실질적인 경영권을 뺏긴 거나 다름없었죠. 대표의 전권이라고 할 수 있는 영업부의 실적조차도 내가 볼 수 없었다면 무슨 말을 더 하겠어요?"

상담자는 회사의 실질적인 창업자다. 합작을 결심할 당시 상담자는 투자자를 위한 것뿐, 경영의 전권을 넘겨주리라는 생각은 전혀 하지 않았다. 하지만 결국 고양이에게 생선을 맡긴 격이 되고 말았다.

이런 경우에 내가 건넬 수 있는 조언은 두 가지다. 한 가지는 현실을 인정하고 회사의 기강을 새롭게 조정하는 것, 다른 한 가지는 새로운 투자자를 영입하는 것이다. 하지만 이들에게 투자자 영입은 위험한 전략이다. 새로운 투자자는 또 다시 창업자의 영역을 침범하려 들 것이기 때문이다.

3. 매체에 너무 많은 시간을 투자한 것이 패인이다

스미스의 친구이자 사업가인 포크너는 언론 인터뷰를 즐겼으며 자신의 회사와 상품, 경영 철학이 미디어에 소개되는 것을 자랑스럽게 생각했다. 하지만 최근 그는 자신의 태도를 후회하기 시작했다.

"언론 인터뷰가 마케팅의 일종이라는 것을 모르는 것은 아닙니다. 하지만 나는 여기에 너무 많은 에너지와 시간을 쏟아부었습니다. 인터뷰에 치중하는 사이에 시급히 처리해야 할 업무는 뒷전으로 밀리기 십상이었으니까요. 이제야 나는 매체 홍보란 양날의 검처럼 이중성을 지녔다는 사실을 깨달았어요. 하지만 내가 치른 대가는 너무 큽니다."

현실적으로 매체를 통해 기업을 홍보하는 일에 시간을 할애할 필요가 있다. 하지만 만약 대부분의 열정을 홍보에만 쏟아붓는다면 제품 개발 등 더욱 중요한 분야에 충분한 에너지를 투자하지 못하게 된다. 이런 사업가들은 오래지 않아 매체에 제품을 노출하는 전략이 속 빈 강정처럼 쇼에 불과하다는 사실을 깨닫게 된다.

당신의 회사가 좋은 제품을 만들고 있다면 소비자들이 먼저 알고 찾는다. 진정한 기업인이라면 좋은 제품을 만드는 데 오랜 시간을 투자해야 한다.

4. 직종을 자주 바꾸면 불안정해진다

베이징의 쭈 씨는 중국 최고의 명문 대학인 베이징대학교를 졸업했지만, 3년 동안 7번이나 직종을 바꿨다.

그는 말했다.

"대학 졸업 후에 나는 쉬지 않고 직업을 갈아치웠어요. 새로운 직장에 대한 충동은 너무나 강렬한 것이어서, 현재 직장에서 아무리 많은 월급을 받고 있어도 또 다른 직장을 찾아 나섰죠. 더 좋은 조건의 직장이 있을 거라는 망상에 시달렸던 거죠. 저의 무의식이 저에게 계속해서 이렇게 속삭였어요. '다음번에는 더 좋은 직장을 구할 수 있을 거야.' 하지만 너무 자주 직장을 바꾸다 보니 이제는 어디로 가야할지 모르겠어요."

3년이라는 시간을 허비한 끝에 그는 안정된 직장과 환경의 중요성을 깨달았지만, 그가 치른 대가는 엄청났다.

인생의 최대의 낭비는 낭비를 조성하는 일을 끊임없이 선택하는 것이다. 분명한 것은 이러한 교훈을 통해서 진정한 경험을 쌓은 사람만이 성숙한 어른이 된다는 것이다. 이런 측면에서 나의 경험은 충분히 교훈이 될 것이다. 나는 청쿵그룹의 전자기기 영업부에 근무하기 직전에 쑤베이苏北, 광저우, 선촨神泉등지에서 다양한 직종에 종사했다. 홍콩으로 건너간 후에는 수많은 지역을 전전하며 여러 차례 직업을 바꿨다.

4년이란 세월 동안 20여 개의 직종을 거쳤으니 평균 두 달에 한번 새로운 직업을 찾아 헤맨 셈이다. 이 과정에서 상사와 동료 역시 수없이 바뀌었다. 때로는 먼 지역으로 이사를 가야했으니 집도 팔고 사기를 반복해야했다. 당시 나의 삶은 마치 덜컹거리는 차 안에서 이리 저리 흔들리는 기분이 들었다. 업무의 전환 역시 빈번하다보니 어떤 분야의 기능도 심화 학습이 불가능했다. 결국에는 아무 성과도 이루지 못하고 허무할 뿐이었다. 그 후에 비로소 결심을 새롭게 굳혔다.

"나의 미래를 위해서 반드시 평생의 직업을 찾아야 한다."

그제야 안정된 직장과 환경에 대한 간절한 소망이 생기기 시작했다. 우연한 기회에 나는 청쿵그룹의 영업부서에 입사하게 되었고, 내 인생의 중요한 전환점을 맞이하게 되었다.

오늘날 우리는 전문화와 분업화가 매우 정밀하게 나누어진 시대에 직면했다. 당신이 아무리 우수한 재원이라고 해도 한정된 개인의 에너지로는 모든 분야에 정통할 수 없는 것이 현실이다. 따라서 모든 직종과 업종에 뛰어든다고 해도 성공을 거둘 수 없다. 이러한 시대의 흐름을 거스를 사람은 아무도 없다. 따라서 수많은 직업과 업종 중에서 하나를 선택하여 끝까지 견지해나가는 지구력이 필요하다. 이것이 자신의 핵심 경쟁력이 될 때까지 서서히 강도를 높여야 하는 것이다. 그러다 보면 그 영역에서 성공을 거두고 우위를 선점하며 유명세를 타게 된다.

결론적으로 직업을 밥 먹듯이 바꾸는 사람은 얼핏 보기에는 자신의 이상을 위해 도전하는 사람처럼 보일지 몰라도 그가 얻는 결과는 사실상 미미할 뿐이다. 진정한 업무 능력의 배양은 상대적으로 긴 시간의 투자를 통해서 파악이 가능하고, 이것이 전제되어야 성통 기술을 익힐 수 있기 때문이다. 또한 이러한 기술을 보유한 사람만이 자신의 가치를 공고히 할 수 있다. 하지만 당신이 만약 기분 내키는 대로 직업을 변경하여 전문 기술을 익히지 못한다면, 안정된 환경을 잃게 되는 것은 물론이고 당신의 인생을 낭비하는 셈이 된다. 참혹한 경쟁의 시대에 이러한 태도는 불리하게 작용할 수밖에 없다.

월 스트리트 증권맨이 말하는 성공의 비밀

월 스트리트 증권가에서 일하는 직장인들은 세상의 풍파를 겪어낸 베테랑들이다. 이들은 10년 이상 현장에서 일하면서 사람들이 돈 앞에서 얼마나 힘없이 무릎을 꿇는지를 두 눈으로 똑똑히 보았다. 이들은 자세를 낮춰 은인자중하는 자세가 얼마나 중요한지를 몸소 깨달았다고 한다.

증권 회사를 경영하는 바비토는 내게 이런 말을 했다.

"증권가에서는 매수 시기가 무르익을 때까지 충분히 기다렸다가 투자하는 사람들이 매우 드문 편입니다. 이런 상황에서 인내심을 발휘하기가 얼마나 어려운 것인지 저는 잘 알고 있죠. 시대의 흐름과 대세를 간과해서는 안 됩니다. 가격의 변화에 일희일비해서도 안 되죠. 이 두 가지 원칙을 잘 지키지 않는다면 매우 치명적인 결과를 초래하게 됩니다. 하지만 2가지 원칙을 지킨다고 해서 누구나 수익을 얻는 것은 아닙니다. 세상의 추세 이면에 흐르는 움직임을 살펴볼 수 있어야 합니다. 인내심이 필요한 이유가 바로 이거예요."

바비토가 최고로 가치 있다고 생각하는 성공의 비밀은 의외로 사소한 것이었다. 상황이 불리할 때는 손해를 만회하려고 사방팔방으로 일을 벌이기보다는 납작 엎드려서 상황이 좋아지기를 기다릴 수 있어야 한다는 것이다. 그의 말에 따르면, 주식이 하락세에 접어들었을 때 의연하게 대량 매수를 시도하거나 혹은 호기가 올 때까지 기다리는 사람은 최후에 웃을 수 있는 가능성이 높다고 한다.

주식 시장이 냉각되면 투자자들은 너나 할 것 없이 매도를 생각한다. 반대로 주식 시장이 과도하게 활황일 때는 너도 나도 주식 시장으로 모여든다. 하지만 이때가 가장 위험한 시기다. 이런 시기에는 인내심을 갖고 마음을 차분하게 가라앉힐 필요가 있다. 그는 이렇게 덧붙였다.

"눈앞의 이득을 쫓아가는 건 인지상정이죠. 사람들의 이런 본성 탓에 광풍이 불어올 때면 종종 사회 전체가 요동을 치게 되지요. 이때 투자 상담가가 이런 분위기에 휩쓸려서 분위기를 조장하면 다 같이 몰락하게 되는 겁니다."

세상의 모든 일은 마음먹기에 달려있다고 해도 과언이 아니다. 다음은 인내심을 기르는 데 도움을 주는 지침이다.

· 아이디어를 행동에 옮기기 전에 당신이 얻을 이익에만 집착하지 말고 손실도 염두에 두어야 한다.

· 지금이 기회라는 생각이 들 때는 혹시 이보다 더 매력적인 잠재 기회가 다가오지 않는지 따져보라. 그 후에 행동을 결정해도 늦지 않다.

· 위험 확률을 따져보라. 항상 미지의 위험에 대비하라.

· 어떤 일을 결정할 때는 주관이 뚜렷해야 한다. 세상의 다양한 전문가들이 내놓은 의견이라도 경계심을 늦추지 말고 꼼꼼히 따져보라.

능력이 빠진 야망은 재앙이다

직장 생활을 하다보면 사무실의 기류가 미묘해지면서 권력형 암투가 종종 벌어진다. 이런 상황에 놓였을 때는 거미줄처럼 복잡하게 얽히고설킨 관계 속에서 슬쩍 빠져나와 객관적인 시선을 유지하라. 그리고 이렇게 되뇌라.

"나는 이번 일과 아무런 연관이 없다. 설령 내가 연관되어 있다고 해도 결코 권력에 아부하는 태도를 보이지 않겠다. 권력에 영합할 경우, 언제든지 더 강력한 권력을 가진 자가 나타나서 나를 이용할 수 있기 때문이다."

권력의 암투 속에서 자신의 자리를 정하기 힘들다면, 차라리 침묵하라. 괜히 나섰다가 권력 다툼의 희생양이 될 필요가 없다.

곧 인사이동이 예정되어 있으며, 당신의 이름이 후보에 올라 있는 상황에서 권력 암투가 벌어졌다면 어떻게 처신해야 할까? 가장 바람직한 처신은 권력 암투와 전혀 연관이 없다는 듯 거리를 두는 것이다. 최소한 당신이 권력 암투에 전혀 관심이 없음을 대내외적으로 알려라. 미묘한 변수 하나가 승진 심사에 영향을 미치는 상황이라면 더욱 거리를 두고 일련의 사태를 바라보아야 한다. 승진에 대한 당신의 야심이 밖으로 드러나지 않도록 조심하라.

언제 어디서건 눈에 띄는 대로 소유하고 싶은 욕망이 당신 안에서 꿈틀대는가? 그 대상이 돈이건 명예건 혹은 권력이건 기회가 온다면 이 전부를 거머쥐고 싶은가? 그렇다면 당신에게는 야심가의 기질이 있다. 야심이 꿈틀댄다는 것은 건강하다는 증거다. 야망은 매우 긍정적인 기질이다. 다만 한 가지 주의할 것이 있다. 당신이 다른 사람들의 눈에 야심가로 비춰지는 순간, 야심은 재앙을 몰고 올 수도 있기 때문이다.

상사에게 당신의 야심을 읽히는 순간, 상사는 당신을 훌륭한 인재로 평가하는 동시에 경쟁자 리스트에 올릴 수도 있다. 그렇게 되면 모든 중대한 프로젝트는 당신이 아닌 경쟁자의 몫이 될 것이다. 당신의 힘이 아직 미미할 때, 상사는 언제라도 당신을 향해 칼을 내리칠 수 있다.

야심을 들킨 경우라도 당신이 유능한 직원이라면 상사는 섭섭지 않은 대우를 해줄 것이다. 다만 가능한 최단 기간 내에 당신의 능력을 입증해야 한다. 누가 봐도 트집거리를 찾을 수 없을 만큼 완전무

결한 능력을 발휘함으로써 상사는 물론이고 경쟁자의 콧대를 납작하게 해주어야 한다.

젊은 시절, 사업가인 화진은 어떤 상황에도 당당하게 자신의 생각을 드러냈으며 좀처럼 기죽는 일이 없었다. 부당한 차별이나 불공정한 대우를 받았다고 느끼면 그 자리에서 즉시 억울함을 토로했고, 심지어 법에 호소하기도 했다. 상사 앞에서도 화진은 자신의 의견을 거침없이 피력했고, 마치 동료를 대하듯 스스럼없이 능력을 뽐냈다. 그러나 몇 달 후 그에게 돌아온 결과는 정리 해고 통보였다.

화진은 당시의 상황을 이렇게 설명했다.

"상사는 이런 방식으로 제 입에 자물쇠를 채운 것 같더군요. 야심만만한 부하 직원을 그냥 두고 볼 상사는 없을 테니까요."

시련 앞에서 쉽게 무릎을 꿇어서도 안 되겠지만, 경솔하게 자신의 야심을 드러내는 것은 상당히 어리석은 일임을 화진의 사례를 통해 알 수 있다.

현명한 사람들은 허리를 굽혀야 하는 시기와 꼿꼿이 세워야 하는 시기를 정확히 알고 있다. 허리를 굽혀야 하는 순간, 뻣뻣하게 쳐드는 사람은 등 뒤에서 향해 날아오는 화살을 피할 길이 없다.

고수들의 일보후퇴 실전 기술 4

❶ 가끔은 손해를 보라

현재의 손익에 일희일비하지 말고 장기적인 관점에서 이익을 바라봐야 한다. 사업 파트너에게 많은 몫을 챙겨주면 당장은 손해를 보더라도 신뢰와 긍정적 이미지를 쌓아, 결국에는 막대한 이익을 얻을 수 있다.

❷ 포기해야 할 때는 과감히 손을 떼라

미련이 남아도 이성적으로 판단했을 때 성공 가능성이 낮은 일은 과감히 포기할 줄 알아야 한다. 그래야만 미래의 더 큰 손실을 예방할 수 있다.

❸ 중용의 균형 감각을 갖춰라

한 쪽의 생각이나 의견에 치우쳐 판단을 그르쳐서는 안 된다. 지나친 사업 확장, 특정 분야에 집중된 투자 등 균형 감각이 결여된 경영 방식은 화를 부른다.

❹ 자신의 야망을 통제하라

내면에서 끓어오르는 야심을 제어해, 신중하게 처신하라. 상황이 불리할 때는 상황이 좋아질 때까지 인내하며 기다려야 한다. 야심은 긍정적 에너지이나, 경쟁자나 상사에게 야심을 들키면 공격의 표적이 될 수 있음을 명심하라.

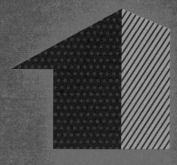

킬링 포인트 법칙

남이 빼앗을 수 없는 무기를 갖추라

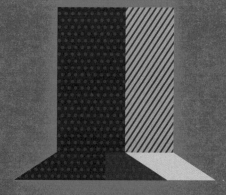

당신에게는 핵심 경쟁력이 있는가?

무한 경쟁 시대에서 살아남기 위해서는 '핵심 경쟁력'을 갖춰야 한다. 핵심 경쟁력이란 목표를 실현하는 데 관건이 되는 능력이며, 다른 사람들과 차별화되는 무기다. 누구나 다 갖추고 있는 능력은 핵심 경쟁력이 될 수 없다. 핵심 경쟁력은 절대적인 능력치가 아니라 상대적인 개념이다. 어떤 강점을 발휘해 경쟁자보다 한 발 앞설 수 있으면 그 강점이 바로 핵심 경쟁력인 것이다.

회사에서 핵심 경쟁력 이야기가 나온 적이 있는데, 영업사원 한 명이 불쑥 끼어들며 이렇게 말했다.

"나는 거래처 사람들의 얼굴만 봐도 어떻게 상대해야 좋을지 딱 답이 나옵니다. 이게 바로 내 핵심 경쟁력이 아니고 뭐겠어요?"

하지만 이렇게 단편적인 능력 하나만 두고 핵심 경쟁력을 갖춘 인재라고 평하기는 힘들다.

핵심 경쟁력은 지식과 경험의 총체적 결합이며, 여러 가지 능력의 총합이다. 어느 능력 하나가 단독으로 부각된다고 해서 이를 꼬집어 핵심 경쟁력이라고 말하기는 어려우며, 이런 능력이 한데 모인 집합체가 핵심 경쟁력인 셈이다.

나는 이제야 비로소 모든 인재를 관찰하는 통찰력이 생겼다. 사회에는 수많은 인재들이 존재하며, 그들은 모두 현명한 사람들이다. 하지만 모래알처럼 수많은 인재 속에서 어떻게 진정한 능력자를 찾아낼 수 있을까? 진정한 능력자를 찾아내려면 학벌이나 스펙을 따지기보다는 이들이 지닌 핵심 경쟁력이 무엇이며, 이들이 남들과 어떤 차별성을 갖추고 있는지를 살펴보아야 한다.

아래는 핵심 경쟁력의 3가지 조건이다. 3가지 조건을 모두 만족하는 능력을 갖추고 있다면, 스스로 경쟁력 있는 인재라 자부해도 좋다.

1. 희소성

남들은 절대 가질 수 없는 유일한 능력이어야 한다.

2. 실천 능력

몸소 실천할 수 있는 능력이어야 한다. 이론만 떠들거나 책 속에 있는 지식은 의미가 없다.

3. 지속 가능성

지속적으로 향상시킬 수 있는 능력이어야 한다. 한순간 사라지는 능력은 아무 소용이 없다.

경쟁자와 당신은 사실 한 끗 차이다

분야를 막론하고 경쟁자들이 넘쳐나는 현대사회에서 핵심 경쟁력은 승자와 패자를 가르는 키포인트가 된다. 경쟁자와 당신의 격차는 사실 크지 않다. 이런 상황에서 핵심 경쟁력을 갖춘 인재는 항상 한 발 차이로 승리를 거머쥐게 된다.

취업 준비생들에게 나는 이런 말을 해주곤 한다.

"여러분의 독특한 개성을 발견하고 확장하는 데 힘써야 합니다. 핵심 경쟁력이란 무엇인지를 이해하고, 자신이 가진 능력을 종합해 핵심 경쟁력을 갖춘 인재가 되기 위해 노력해보세요."

핵심 경쟁력을 갖춘 세상의 강자가 되려면 2가지 방식을 따라야 한다. 첫째, 한순간에 능력을 갖추겠다는 욕심을 버리고, 부지런히 실력을 갈고 닦으며 능력이 축적되기를 기다려야 한다. 이 시기에는 자신이 가진 능력을 조합하는 데 힘써야 한다. 둘째, 자신의 능력을 사회의 필요와 이으려는 노력이 필요하다. 사회에서 환영받는 핵심 경쟁력은 아래와 같다.

1. 전문 기술

특정 영역에서 전문적인 기술을 익힌다면 대체 불가능한 인재로서의 가치도 높아진다. 기본 능력을 갖춘 후에는 난이도를 서서히 높여 한 분야의 전문가가 되라.

2. 분야에 한정되지 않는 능력

창조적인 사유, 상황 판단 능력, 결단력 등이 이에 해당한다. 이런 능력 중 특히 중요한 것은 의사 표현 능력과 사유하고 판단하는 능력이다. 이런 능력을 갖춘 인재는 문제의 전반적인 배경을 파악할 수 있으며, 정확한 해결방안을 제안할 수 있다.

3. 학습 능력

학습 능력은 핵심 경쟁력의 꽃이라고 할 수 있다. 새로운 지식과 정보를 습득하는 학습 능력은 현대사회에서 가장 중요한 핵심 경쟁력으로 손꼽힌다. 아무리 뛰어난 능력을 지녔다고 해도 학습 능력이 결여되어 있다면 언제라도 도태될 수 있음을 명심하라.

4. 성격

성격은 가장 근본적인 경쟁력이다. 원만한 성품은 평생 지속되며, 매우 강렬한 인간적인 매력을 발산한다. 의지가 강한 인재는 어떤 업무든 완수해낸다. 반성을 소홀히 하지 않는 인재는 자신의 문제를 인식하고, 같은 실수를 반복하지 않는다. 자신감과 겸손함을 두루 갖춘 인재는 어떤 상황에서도 평정심을 유지하며, 자신을 과대평가하지도 않고 자기 비하에 빠지지도 않는다.

5. 소프트웨어 기질

소프트웨어 기질이란 겉으로 드러나는 생김새, 옷차림과 같은 '하드웨어 기질'과 대비되는 것으로, 내면에서 서서히 형성된다. 기질적으로 타고나는 경우도 있지만, 그렇지 않은 경우에도 노력을 통해 형성할 수 있다. 원활한 소통 능력과 이해 능력, 시간 관리 능력, 책임감 등이 소프트웨어 기질에 해당된다.

끝으로 덧붙이고 싶은 말은 어떤 핵심 경쟁력을 추구하건 간에 자신의 목표를 명확히 해야 한다는 것이다. 목표를 정할 때는 다른 사람의 의견을 경청할 수도 있지만, 결국은 자신의 판단을 믿고 따라야 한다. 정확한 목표를 설정한 후에는 부단히 노력해 목표를 현실로 만들라.

나만의 분야에서 왕이 되라

어느 한 분야에서건 당신의 장점을 발휘할 수 있다면 그 분야에서 최고가 되라. 아무도 반박할 수 없는 1인자의 자리에 오르도록 전력을 다하라. 당신이 속한 분야에서만큼은 왕의 대우를 받아야 한다는 뜻이다. 누구든 그 분야에서 성공하려면 당신의 도움 없이는 불가능한 상황을 만들어야 한다.

최고의 자리에 오르기 위해서는 강점을 키우는 데 자신의 역량을 집중해야 한다. 한정된 열정을 약점을 극복하는 일에 쏟아 붓는 일은 에너지의 낭비다. 인생은 짧고, 한번 지나간 시간은 되돌릴 수 없다. 일생일대의 기회가 언제나 주어지는 것도 아니다. 따라서 자신의 장점을 어떤 식으로 발휘할 것인가를 고민할 뿐, 단점을 가리기 위해 안간힘을 쓰는 데 인생을 허비해서는 안 된다. 인생 전체를 좌우할 만큼 치명적인 단점이 아니라면, 단점에 신경을 쏟지 말라.

단점은 고정적인 개념이 아니라 매우 유동적인 개념이다. 어떤 각도에서 보는가에 따라서 단점은 충분히 장점으로 뒤바뀔 가능성이 있다. 그런데도 사람들이 단점에 집착하는 이유는 무엇일까? 단점은 아주 오랜 시간 동안 서서히 형성된 습관이므로, 단점을 부인하는 것은 우리 자신을 부정하는 것과 같게 느껴지기 때문이다.

엔지니어 출신의 사업가 화진은 하루 종일 모니터만 들여다보는 '침묵의 업무'를 수년간 반복해왔다. 그러는 사이 그는 나무토막처럼 무뚝뚝한 사람으로 변해갔다. 여러 사람이 모인 자리에서는 스스로 입을 닫았다.

사람들 앞에서 굳이 말을 해야 하는 상황이 오면 그는 종이에 할 말을 일일이 적은 후에 책을 보듯이 읽어내려갔다. 이것은 확실히 그의 단점이었다. 하지만 시각을 바꾸어 보면 이것은 그가 가진 개성일 뿐이었다. 화진은 여러 각도에서 이 문제를 고민해본 끝에, 더이상 이 문제로 시간을 낭비하지 않기로 했다. 오히려 자신의 강점을 강화시키는 데 열정을 쏟기로 결심했다. 스스로 생각하는 자신의 강점을 묻자, 화진이 말했다.

"나는 감각이 예민한 편이에요. 주변의 분위기를 빠르게 알아차리고, 정확한 판단을 내리죠. 생각이 깊어서 어떤 문제를 냉정하게 분석하고, 상대의 심리적인 약점을 포착하기도 하죠. 이런 특징은 판단력과 논리적 사고력이 남들보다 앞섰다는 의미로 해석할 수 있어요. 만약에 내가 나의 약점을 가리는 데 에너지를 허비했다면 약점을 극복하기는커녕 의기소침해져서 매사 소극적인 사람이 되었을 거예요."

약점을 뒤집어 보면 매우 독특한 강점이 될 수도 있다. 그렇다면 왜 굳이 약점에 발목 잡힌 채로 고통스러워하겠는가? 당신이 명심할 것은 하나뿐이다. 어느 분야에서건 왕이 되기만 하면 된다. 당신에게 필요한 것은 당신의 강점을 찾는 일이다. 인내심을 발휘하면 누구나 자신의 강점을 찾을 수 있다.

노벨 화학상 수상자가 된 열등생

결점이나 약점은 가급적 부각되지 않도록 노력하거나 최소화할 필요는 있다. 하지만 쓸데없이 완벽주의를 추구하느라 한 점의 결점도 용납하지 않을 이유는 없다. 이런 노력은 현실적이지 못할뿐더러 에너지의 낭비다. 더구나 그 효과는 매우 미미하므로, 괜한 헛수고로 끝나는 경우가 적지 않다.

노벨 화학상을 수상한 오토 발라흐는 성장과정에서 여러 차례 시행착오를 겪었다. 하지만 끝끝내 자신의 인생을 성공으로 이끈 그의 비결은 매우 간단하다. 어떤 분야에서 성취감을 맛보고자 한다면, 자신이 어떤 점에서 우세한지부터 찾아야 한다. 그 후에 강점을 최대한으로 발휘해야 한다. 발라흐가 막 중학교에 진학했을 때, 부모님은 그가 유명한 작가가 되기를 바랐다. 하지만 당시 그를 지도했던 교사는 청천벽력과도 같은 평가를 내렸다.

"발라흐는 성실한 학생이지만 한 가지 단점이 있습니다. 그에게서 융통성이라고는 전혀 찾아볼 수가 없어요. 이런 기질을 지닌 사람은 작가로서 성공할 가능성이 낮다고 판단됩니다."

발라흐는 이런 내용이 적힌 편지를 들고 가서 부모님께 보여주었다. 그의 부모는 망연자실했으나, 교사의 뜻을 따라 발라흐의 손에 펜 대신 붓을 들리기로 했다.

이번에 그의 부모는 발라흐가 유명한 화가가 되기를 바랐다. 하지만 발라흐는 구도를 잡거나 채색을 하는 일에도 영 소질을 보이지 않았다. 더구나 예술에 대한 이해력이 부족해서 미술 성적은 언제나 바닥을 면치 못했다. 미술 교사가 보내온 성적표에는 이런 평가가 적혀 있었다.

"이 학생은 미술 분야에서 도저히 성공할 수 없습니다."

발라흐는 물론이고 부모마저 절망에 빠졌을 때, 유일하게 화학 선생님만이 그에게 긍정적인 평가를 내렸다. 그리고 발라흐가 대학에서 화학을 전공할 것을 권유했다. 그 후, 발라흐는 모든 능력을 화학 공부에 쏟아부었으며 그의 화학 점수는 동급생 가운데 따라올 자가 없을 정도로 나날이 향상되었다. 발라흐의 기질과 성품은 화학 연구 분야에 매우 적합한 자질이었다. 이런 기질을 바탕으로 최대의 노력을 기울인 결과, 그는 노벨상 수상자의 영예를 안기에 이르렀다.

사람마다 잘하는 분야와 못하는 분야가 있다. 누군가 당신의 단점을 지적하고 비난할 경우, 그들의 말에 기가 눌리게 된다면 다시는 헤어 나올 수 없는 절망의 구렁텅이에 빠지게 된다. 타인에게서 부정적인 평가를 받았을 경우, 타인이 지적한 자신의 단점을 반대로 생각해보라. 당신의 능력 가운데 가장 우세한 분야를 찾을 수 있을 것이다.

세계 2위 갑부 워런 버핏의 경쟁력은?

자신의 강점을 발견했다면 강점을 이미지화하여 자신만의 브랜드로 만들어야 한다. 당신이 우세를 발견하고 자신만의 영역을 찾음으로써 독특한 개성을 브랜드화할 수 있다면, 이것이 얼마나 풍부한 가치의 성공인지 짐작이나 할 수 있을까?

미국 서부 출신 젊은이가 이런 질문을 던진 적이 있다.

"저는 수년 동안 워런 버핏을 연구했어요. 그의 인생에서 모든 이에게 가장 귀감이 될 만한 특징이 무엇인지 반드시 찾아내고 싶어요. 혹시 버핏이 그토록 많은 사람들의 존경을 받게 된 이유가 뭔지 아시나요?"

워런 버핏이 추앙을 받게 된 이유는 그가 돈을 많이 벌었기 때문만은 아니다. 그보다는 버핏만의 방식으로 자신의 개성을 세상에 부각시켰기 때문이다.

'가치투자이론'은 버핏만의 특성화된 브랜드로 세상 사람들에게 인식되었다. 사람들은 가치투자이론을 언급할 때마다 버핏을 떠올리게 되었다. 버핏은 가치투자 분야에서 명실상부한 최고의 이론가로 성장한 것이다.

그렇다면 이제 무엇을 더 망설이겠는가? 자신의 영역에서 걸출한 성과를 얻은 이들의 면면을 자세히 들여다본다면 그들이 어느 분야에 종사하건, 어떤 직업을 가졌건 오로지 하나의 공통점을 발견하게 될 것이다.

승자들의 공통점은 합리적인 계획을 세워 자신의 장점을 십분 발휘하는 동시에, 브랜드화를 통해 최고 실력자로 자리매김했다는 사실이다.

학벌과 스펙이 말해주지 않는 것

신입사원 면접을 진행할 때의 일이다. 지원자들은 하나같이 고학력자들이었다. 중국 명문 대학 졸업자는 물론, 해외 유명 대학 출신에 박사 학위 소지자들도 적지 않았다. 당신은 이런 고학력 인재들을 기업들이 두 팔 벌려 환영할 것이라고 생각하는가? 유감스럽게도 절대 그렇지 않다.

면접장에서 나눈 지원자와의 대화를 간단히 옮겨본다.

"당신은 몇 개의 학위를 가지고 있습니까?"

"지금 공부하고 있는 3개의 학위까지 총 7개의 학위가 있습니다."

"그렇군요. 당신의 지원서를 샅샅이 검토해봤지만, 우리 회사의 어느 분야에서도 당신의 능력을 발휘할 만한 부분을 찾을 수 없군요."

"기회를 주신다면 뭐든지 할 수 있습니다!"

"어떻게 일을 파악하실 건가요?"

"일단 믿고 맡겨주세요. 저에게는 충분한 경험이 있습니다."

당신도 눈치 챘는가? 물론 지원자는 비상한 두뇌에 폭넓은 지식을 갖춘 인재다. 하지만 대체 어느 요소가 남들과 차별된 그만의 독특한 경쟁력이라고 할 수 있을까? 당신이 만약 기업의 사장이라면 그의 채용을 망설이지 않겠는가? 요즘처럼 고학력자들이 넘쳐나는 시대에는 어딜 가나 명문 대학 출신들이 수두룩하다. 고학력자들이 학위에만 매달린 채 자신만의 경쟁력을 입증할 어떤 자료도 제시하지 못한다는 것은 안타까운 일이다.

나는 지원자의 심사를 보류하고 그 이유를 이렇게 설명했다.

"우리 회사에는 당신을 채용할 만한 부서가 없습니다."

처음부터 신입사원에게 적합한 사무 공간과 환경을 제공하는 기업은 없다. 쾌적한 사무실 의자에 앉아서 또 다른 스펙을 쌓는 데 골몰하는 직원은 아무도 환영하지 않는다.

젊은 인재들은 자신을 냉철하게 분석해야 한다. 미래 계획에 균형을 이루고 개개인의 발전 방향에 적합한 직업을 선택해야 한다. 이때 학습 능력은 미래의 기능 습득을 위해 반드시 필요한 요소다.

부단한 학습을 통해 쌓아올린 강력한 기술력은 당신의 경쟁력을 효과적으로 높여줄 것이며, 결과는 보지 않아도 백전백승일 것이다.

《수호지》에 등장하는 인물들의 결말을 살펴보면, 불의에 대항하며 한 평생 풍운의 삶을 살았으나 유종의 미를 거둔 이는 매우 드물다는 사실을 알 수 있다. 이들 중에서 정부의 작위를 받으며 행복한 결실을 맺은 이들은 거의 대부분 하나의 기술을 보유하고 있었다. 의술의 달인이었던 안도전은 금자의원의 작위를 받았고, 오늘날의 수의사 수준으로 동물을 치료했던 황보단은 말을 다루는 관리로 임명되었다. 하지만 별다른 기술을 연마하지 못했던 이들은 푸대접을 받아야 했다.

아이비리그 졸업장을 집어던진 말단 사원

어린 시절, 떡잎부터 달랐던 앨버트의 사례를 들어보자. 앨버트는 미국 프린스턴대학교 컴퓨터 공학과를 졸업한 수재다. 보스턴의 작은 마을에서 태어난 그는 뉴욕에 입성한 이후로 지금까지 한 번도 시련이란 것을 경험해보지 못했다. 사회 초년생 시절, 앨버트는 유명한 기업의 인터넷 관련 부서에서 일하게 되었다. 하지만 유감스럽게도 명문 대학의 졸업장은 그에게 아무런 도움도 되지 못했다.

그의 사장은 항상 이렇게 말했다.

"우리 회사에 들어온 이상 밑바닥부터 시작해야 합니다. 입만 살아서 떠드는 직원은 우리 회사에 필요 없어요."

앨버트는 말했다.

"저도 밑바닥부터 배워야 한다는 말에 동의합니다. 사장들이 화려한 스펙을 등에 업은 직원을 꺼려한다는 것을 알고 있습니다. 기세등등한 고학력자들의 이상은 현실과 동떨어진 것으로, 실상 그들이 직장에서 내놓는 결과물은 형편없는 경우가 많죠. 하지만 나는 눈만 높고 실무 능력은 떨어지는 허세꾼이 아니라는 사실을 스스로 입증할 겁니다."

앨버트는 이상을 잠시 접어두고 밑바닥 업무부터 차근차근 익혔다. 학교에서 배운 지식은 그가 터득해야 하는 업무 가운데 빙산의 일각에 불과했으며, 지식을 실무에 적용하는 것은 전혀 다른 차원의 이야기였다. 풍부한 경험으로 무장한 선배들은 항상 그를 앞서갔다.

앨버트는 능력의 한계에 부딪힐 때마다 좌절감을 느꼈지만 결코 포기하지 않았다. 그는 좌절의 경험도 필요하다는 생각으로 이를 악물었다. 하찮아 보이는 잡무일지라도 완벽하게 처리했으며, 서서히 업무의 난이도를 높여갔다. 그의 최종 목표는 이 분야의 최고 관리자가 되는 것이었다.

그는 가장 먼저 출근해 가장 늦게 퇴근하는 직원이었다. 퇴근 후에도 사무실에 남아서 밤늦게까지 업무를 익히는 날이 많았다. 그는 프린스턴대학교 출신의 인재라는 후광을 과감히 집어던지고 매사에 열정을 다했고, 이런 노력은 동료와 상사들에게 좋은 인상을 남겼다.

이 회사에서 2년 정도 일한 후, 앨버트는 마침내 기회가 왔음을 직감했다. 그는 그동안 쌓은 노하우를 총동원해 지불 시스템에 관련

된 소프트웨어 기안을 작성해서 상부에 보고했는데, 이것이 그의 존재를 새롭게 인식시키는 계기가 되었다. 그의 기안은 이사회까지 올라갔고, 그는 결국 이사회의 지지를 받아 새로운 직위를 배정받았다. 앨버트는 현재 이 기업의 기술 감독 책임자로서 왕성하게 활동하고 있다.

실제 업무 능력은 스펙과 졸업장과는 또 다른 차원의 이야기다. 관건은 실무를 배우려는 기본자세에 달려 있다. 자신이 완벽하게 파악하고 있는 분야의 업무를 찾아서 서서히 경험을 늘려가야 한다.

써먹을 수 있는 기술력이 환영 받는다

아무리 화려한 스펙을 자랑한다고 해도 기술력을 갖추지 못하면 교문 밖을 나서는 순간 바보가 된다. 현대사회는 현장에서 써먹을 수 있는 기술력을 연마한 사람만이 보석과 같은 존재로 대우를 받는다. 학력에 투자할 시간에 현장에서 써먹을 수 있는 기술력을 연마하라. 기술력이란 기능적인 측면 뿐 아니라 모든 실무능력을 포함하는 개념이다 '오로지 나만이 할 수 있는 기술'을 갖추면 생존 가능한 필살기를 보유한 셈이다.

수년 전, 나는 '수석 집행관의 도전'이라는 프로젝트 주제를 제안하면서 거의 20여 개월을 투자해 한 가지 공통점을 발견했다. 현재 전 세계 관리자들의 눈앞에 닥친 가장 현실적인 과제는 '어떻게 인재를 찾을 것인가?' 하는 문제였다.

소프트웨어 분야의 헤드 헌터 수장으로 근무하고 있으며, 구글 같은 글로벌 기업에서도 일한 적이 있는 한 친구는 이렇게 말했다.

"우리는 문제 해결 능력을 갖춘 직원을 원해. 그런데 그런 인재를 어떻게 발굴할지가 항상 고민이야."

그는 앞으로 10년 이내에 소프트웨어 기업이 요구하는 100명의 탁월한 인재를 발굴하겠다는 의욕을 보였다. 현실적으로 매우 달성하기 어려운 목표였지만, 그는 자신만만한 목소리로 말했다.

"나는 청년들이 현실을 직시하고, 이 세상의 진면목을 깨달을 거라고 확신해. 이들은 분명 학위만 좇는 세태와는 차별화된 목표를 세울 거야."

기술력을 갖춘 인재는 기본적인 학습 능력과 독서 능력이 훈련되어 있다. 또한 머릿속에서는 끊임없이 아이디어가 샘솟는다. 기술력 가운데 가장 중요한 능력은 문제 해결 능력이다. 이것은 현재의 문제를 해결하는 데만 그쳐서는 안 되며, 미래를 대비할 수 있어야 한다. 사람들은 흔히 이런 점을 간과한다. 스스로 만족할 수 있는 미래 예측 능력을 키우는 동시에, 급변하는 사회에 대응하는 능력도 키워야 할 것이다.

누구도 빼앗을 수 없는 자신만의 독특한 기술만 있다면 세계 어느 나라를 가도 밥을 굶을 걱정은 하지 않아도 된다. 기술이라는 자신의 영원한 '철밥통' 하나를 확보했기 때문이다. 여기에서 철밥통이란, 당신이 하루아침에 지금껏 잘 다니고 있던 직장에 사표를 던지고 사무실 문을 박차고 나오는 순간, 훨씬 좋은 조건을 제시하는 회사들이 당신을 서로 채용하겠다고 달려드는 상황을 말한다.

페르시아의 시인 사디는 현자의 육아법에 대해 다음과 같이 쓴 적이 있다.

"친애하는 나의 아들아, 지금부터 너는 반드시 하나의 기술을 배워야 한다. 명예나 부는 결코 넘보지 말거라. 믿을 만한 것이 못 된단다. 부는 쉽게 손에서 빠져나가고, 돈이란 닳아 없어지는 것이란다. 오직 네 손으로 익힌 기술만이 마르지 않는 샘물처럼 영원할 것이다. 권력 또한 덧없는 것이다. 기술만 있다면 어디를 가든 예우를 받을 수 있지만, 기술이 없다면 고난과 궁핍의 삶을 벗어나기 힘들 것이다."

기업체의 사장들이 '서로 채용하겠다고 달려드는' 상황을 만드는 것은 기술력의 유무에 달려있다. 이것은 경쟁 시대를 살아가는 최고의 무기가 된다. 기술력의 연마, 이것은 우리가 자신의 인생에서 반드시 해야 하는 의무다.

물 만난 고기처럼 능력을 펼친다면
성공은 코앞에 있다

성공한 사람들이 이런 말을 하는 경우를 종종 볼 수 있다.

"나에게는 특별한 성공 비결이 없습니다. 단지 내가 좋아하는 일에 집중했을 뿐이죠. 나는 모든 열정을 이 일에 쏟아 부었으며, 결코 한눈을 팔지 않았어요."

우리는 자신이 좋아하는 일을 선택할 권리가 있다. 난이도가 높은 일에 도전장을 낼 수도 있고, 사회적으로 의미가 있는 일에 인생을 걸 수도 있다. 만약 대가를 적게 치르고 크게 성공하고 싶다면 자신이 좋아하는 일을 선택하면 된다.

내 친구 중 한 명은 젊은 시절의 방황을 통해서 자신의 흥미를 발견했다. 그는 사업가 집안에서 태어났으며, 부모는 물론이고 일가친척 모두 사업으로 큰 성공을 거두었다. 하지만 그의 인생 목표는 시사평론가가 되는 것이었다. 그는 평론가를 꿈꾸는 친구들을 사귀었고, 늦은 밤까지 독서에만 매달렸다. 습작 활동도 게을리 하지 않고, 뉴욕 타임스와 워싱턴 포스트에 수시로 원고를 투고한 후 초조하게 결과를 기다리곤 했다.

그러는 사이에 3년이 훌쩍 지나갔지만, 그는 여전히 아무 것도 이룬 것이 없었다. 그동안 그가 발표한 글은 겨우 5편 남짓이었으며, 원고료는 산악자전거를 구입하는 데 모두 써버렸다. 평론 분야에서 성과가 나지 않자 그는 비참한 기분이 들었다고 한다. 하는 수 없이 부모님의 권유대로 가족이 운영하는 사업체의 매니지먼트를 담당하기로 했다.

이러한 결정은 일순간 그의 운명을 바꿔놓았다. 사업을 운영하고 관리를 도맡아 진행하는 과정에서 자신의 또 다른 재능을 발견한 것이다. 경쟁 업체들이 고전을 면치 못하는 상황에서 그가 관리하던 사업체는 지속적으로 이윤을 창출해나갔다. 특히 그의 아버지가 운영하던 회사는 계속되던 적자에서 탈피하여 흑자 경영으로 돌아서는 성과를 냈다,

내가 인터뷰했던 전 세계의 기업인 중 25%는 자신이 가장 능숙한 분야에 뛰어들어 물 만난 고기처럼 활약을 펼쳤다. 하지만 나머지 75%의 사람들은 자신의 특기조차 파악하지 못했으며, 어떤 업무가 자신에게 적합한지 전혀 가늠하지 못했다. 이런 식으로 우왕좌왕하다가 시간을 흘려보내는 경우가 허다했다.

빌 게이츠는 이렇게 말했다.

"인생의 비밀은 당신이 가장 흥미를 느끼는 일에 숨어 있다."

그리고 이렇게 덧붙였다.

"가장 의미 있다고 느끼는 일에 자신의 모든 시간을 쏟아붓는 사람은 가장 행복한 사람이다."

흥미를 느끼는 일에 과감히 시간과 열정을 투자할 수 있다면 당신은 머지않아 그 분야의 1인자가 될 수 있다. 열정을 가지고 빠져드는 일이나 물 만난 고기처럼 활약을 하는 분야는 성공의 확률을 높여준다. 이런 사실은 이미 수많은 심리학자와 경영학자들이 증명한 바 있다.

다만 한 가지 알아두어야 할 것이 있다. 잘할 수 있는 것과 하고 싶은 것이 일치할 때 최대의 효과를 가져오지만, 사업을 경영할 때는 하고 싶은 분야보다는 잘할 수 있는 분야를 선택하는 것이 유리하다는 사실이다.

핵심 경쟁력을 찾는 3단계

자신이 무엇을 좋아하고 잘하는지 알고 싶다면 다음의 3단계를 따라해보라.

1단계 : 리스트를 작성하라

마음을 가라앉히고 기억을 되돌려보자. 과거에 당신이 했던 일들을 떠올리고, 종이 위에 하나도 빠짐없이 작성하라. 그런 후에 그 일들의 성과를 솔직하게 분석하라. 분석이 끝난 후에는 성공을 거뒀던 일들만 추려내고, 이 가운데서 공통점을 찾아보라.

2단계 : 경청하라

전문적인 용어로 경청을 '외부 모색의 전략'이라고 칭한다. 물론 어떤 경우에는 자신의 판단을 기준으로 해야 하지만, 어떤 경우에는 다른 사람의 의견이 자신을 객관적으로 판단하는 근거가 될 수도 있다. 그들은 중립적인 위치에서 당신이 개인적 시각에 함몰되는 것을 막아주기 때문이다.

"네가 볼 때 내가 가장 잘하는 게 뭐라고 생각해?"

위의 질문에 대한 지인들의 의견을 묻고 이를 수렴하라. 경청의 단계에서 지인들이 생각하는 자신의 장점이 무엇인지 파악할 수 있다.

당신도 그들의 의견에 동의한다면 매우 다행스러운 일이다. 하지만 그들의 의견이 당신의 생각과 일치하지 않을 경우에는 상반된 두 의견 사이의 공통점을 찾아내면 된다.

3단계 : 의견을 기록하라

1단계와 2단계에서 나온 의견을 취합해 각각 서면으로 기록해보라. 반드시 공통되는 항목이 나올 것이다. 일치된 항목을 중심으로 제3의 목록을 작성하라. 이때 제3의 목록에 적힌 최종적인 공통점이 당신의 우위 항목이자 핵심 경쟁력이다.

당신이 가장 잘할 수 있는 일 가운데 가장 자신 있게 내세울 수 있는 일을 선택하고, 이를 인생의 목표로 삼으라.

주력 목표가 생겼다면 마음속으로만 상상하지 말고 지속적으로 이를 실천해나가야 한다. 물론 실천으로 옮기는 과정에서 좌절에 빠질 수도 있고, 예상치 못한 실패를 겪을 수도 있다. 하지만 오로지 이 길만이 나의 길이라는 목적의식을 갖고 부단히 노력한다면 당신이 얻을 성과는 당신의 예상을 훨씬 뛰어넘을 수도 있다. 성공을 향해 달려가는 가속도는 상상을 초월하며, 눈 깜짝할 사이에 성공 궤도에 진입할 것이다.

핵심 경쟁력을 만드는 5가지 비법

❶ 핵심 경쟁력의 의미를 정확히 파악하라

핵심 경쟁력이란, 다른 사람들과 차별화되는 역량이다. 단편적인 능력이 아니라 여러 능력이 한데 모인 집합체로, 현대의 무한 경쟁 사회에서 승자와 패자의 결정적 차이를 만드는 요인이 된다.

❷ 사회에서 환영 받는 능력은 따로 있다

아무리 화려한 학벌과 스펙을 갖추었어도 실제로 써먹을 수 있는 능력을 갖추고 있지 않다면 환영 받기 어렵다. 현장에서 활용 가능한 기술력을 연마하라.

❸ 한 분야에서는 반드시 1인자가 되라

어느 한 분야에서건 장점을 발휘할 수 있다면, 그 분야에서 반드시 최고가 되라. 누구든 그 분야에서 성공하려면 당신의 도움 없이는 불가능한 상황을 만들어야 한다.

❹ 장점을 살리는 데 에너지를 총동원하라

당신이 쓸 수 있는 에너지는 한정되어 있다. 최고의 자리에 오르고 싶다면 약점을 보완하기보다는 강점을 키우는 데 에너지를 쏟아부어야 한다.

❺ 좋아하는 일이나 잘하는 일을 선택하라

시행착오를 줄이고 크게 성공하고 싶다면 좋아하거나 잘하는 일에 투자하라. 좋아하는 일과 잘하는 일이 같다면 최대의 효과를 낼 수 있지만, 아닐 경우 둘 중 하나를 선택해 집중하라.

결국 당신은 승리할 것이다

우리 회사에서 6년간 부총재를 맡았던 마크는 작년 이사회 총회에서 사표를 제출하고 자신의 퇴임 이유를 이렇게 밝혔다.

"수년 간 나는 절차탁마의 심정으로 여러분과 함께 시련을 견뎌왔습니다. 그 결과, 많은 영예를 안았습니다. 하지만 시장의 현실은 냉혹합니다."

그의 말 속에는 '경쟁 시대에는 오로지 강자만이 살아남는다'는 뜻이 포함되어 있었다.

나는 독자들이 과정을 중시하는 기존의 사고에서 탈피하기를 간절히 바란다. 우리의 노력과 희생이 가치 있는 것이라면 어떤 결과를 얻어야 마땅한 걸까? 대답은 첫째도 성공, 둘째도 성공이다!

내가 이토록 결과를 중시하는 이유는 오로지 성공적인 결과만이 과정을 완성해준다고 믿기 때문이다. 만족스러운 결과만이 우리의 고통을 해소시켜주며, 우리의 노력을 보상해주는 해독제로서의 역할을 다한다. 그러나 노력은 하지 않고 요행이나 운에 의지해 성공하기를 바라서는 안 된다. 세상에 공짜 점심은 없다. 잔꾀를 부리면 결코 성공에 다다를 수 없다. 나는 전작인 《자신에게 가혹할수록 성공이 가까워진다》에서 스스로에게 엄격한 잣대를 적용할수록 성공확률이 높아진다고 말한 바 있다. 이후 독자들에게 가장 많이 받은 질문은 바로 이것이었다.

"자신에게 엄격한 잣대를 적용한다는 말은 일중독자 혹은 냉혈한의 기질을 의미하나요?"

나는 이 지면을 빌려 '엄격한 잣대'라는 말의 의미에 대해 부연하고자 한다. 엄격한 잣대의 적용을 논하려면 먼저 '성과주의'가 무엇인지 이해해야 한다.

이 책은 밀림처럼 사나운 맹수들이 도사리는 위험천만한 경쟁 시대에 노력을 통해 성공을 일궈내는 10가지 법칙을 다루었다. 현대 사회가 원하는 승자가 되기 위해서는 결과를 장악하는 능력이 필수적이다. 성공이란 결코 과정을 인정하는 법이 없다. 물론 우리는 값진 땀을 흘리는 과정을 높이 평가하지만, 결국에는 과정의 실질적 쓸모를 강조하는 결과론이 승리한다. 노력한 사람 모두가 성공하는 것은 아니다. 성과를 내는 사람만이 성공을 거머쥘 자격이 있다.

그러나 최근 공개된 중국 일부 기업의 보고서에 따르면, 업무의 성과를 내지 못한 대다수의 사람들이 '성과도 나지 않는 일에 헛수고만 했다'는 식의 변명으로 일관하고 있다. 이는 자기기만이며, 누군가의 위로와 보답을 원하는 심리의 발로일 뿐이다. 성과는 뒷전으로 미룬 채 자신이 쏟아 부은 열정과 노력의 과정만을 알아달라고 하는 것은 보상심리에 지나지 않는다.

현대사회에는 누구나 결과에 시선을 집중할 뿐, 동정과 연민은 뒷이야기다. 당신의 결과물이 비효율적이거나 유의미한 업적이 없을 경우, 노력의 과정은 한낱 신기루에 불과하다. 성과가 없다면 노고 따위를 보상해주는 조직은 오늘날 존재하지 않는다.

이러한 현실을 원망하거나 외부에 책임을 돌리기보다는, 스스로에게 엄격한 잣대를 들이대야 한다. 엄격한 잣대란 묵묵히 고행의 길을 가는 수도승처럼 자신을 한층 더 철저하게 살피는 태도를 의미한다. 경쟁 속에서 고군분투하며 얻는 성과는 엄격한 자기 검증을 끝까지 관철해야 가능한 것이므로 주변을 탓할 일이 아니다. 자신의 실패를 주위 환경이나 사회 구조와 같은 외부의 요인 탓으로 떠넘기지 말라. 강한 사람만이 운명을 바꿀 수 있다.

끝내 위로를 건네지 못해 안타깝다. 하지만 내가 만난 승자들의 법칙을 담은 이 책이 당신이 노력을 성과로 빛나게 하는 데 작게나마 기여하기를 간절히 바란다. 승자의 법칙을 일상에서 체화한다면, 이번에는 당신이 반드시 승자가 될 것이다.

에필로그
—

옮긴이 임지영

대학에서 중문학을 전공하고 우연히 떠났던 중국 여행에서 호방한 대륙에 매료되었다. 그 후 베이징 영화학교(電影學院)에서 수학하였으며, 한국문화예술진흥원에서 주관하는 전국 마로니에 백일장에서 수필 분야의 장원을 수상한 바 있다. 바른번역에서 활동 중이다. 번역한 책으로는 《루쉰의 편지》, 《중국역사 오류사전》, 《진유동의 만화 삼국지》(전 20권), 《황하에서 길어올린 삶의 지혜》, 《35세 이전에 성공하는 12가지 황금 법칙》, 《좋은 생각이 행복을 부른다》 등 다수가 있다.

결국 이기는 사람들의 비밀

초판 1쇄 발행 2017년 6월 27일
초판 12쇄 발행 2023년 4월 1일

지은이 리웨이원 **옮긴이** 임지영

발행인 이재진 **단행본사업본부장** 신동해
편집장 조한나 **디자인** 이석운 김미연 **마케팅** 최혜진 백미숙
홍보 반여진 허지호 정지연 **국제업무** 김은정 김지민 **제작** 정석훈

브랜드 갤리온
주소 경기도 파주시 회동길 20
문의전화 031-956-7208 (편집) 031-956-7129 (마케팅)
홈페이지 www.wjbooks.co.kr
인스타그램 www.instagram.com/woongjin_readers
페이스북 https://www.facebook.com/woongjinreaders
블로그 blog.naver.com/wj_booking

발행처 (주)웅진씽크빅
출판신고 1980년 3월 29일 제406-2007-000046호

한국어판 출판권 ⓒ 웅진씽크빅, 2017
ISBN 978-89-01-21813-7 03320